传统与创新：

广州市海珠区妇联工作改革模式研究

雷杰　蔡天　著

南方日报出版社
NANFANG DAILY PRESS
中国·广州

图书在版编目（CIP）数据

传统与创新：广州市海珠区妇联工作改革模式研究 / 雷杰，蔡天著．
—广州：南方日报出版社，2018.2

ISBN 978-7-5491-1795-6

Ⅰ．①传…　Ⅱ．①雷…　②蔡…　Ⅲ．①妇女工作－研究－中国
Ⅳ．① D442.6

中国版本图书馆 CIP 数据核字（2018）第 026147 号

CHUANTONG YU CHUANGXIN
传统与创新：广州市海珠区妇联工作改革模式研究

雷杰　蔡天　著

出版发行：南方日报出版社
地　　址：广州市广州大道中 289 号
出 版 人：周洪威
责任编辑：刘志一　李　沁
责任校对：王　燕
责任技编：王　兰
装帧设计：肖晓文
经　　销：全国新华书店
印　　刷：广东信源彩色印务有限公司
开　　本：787mm×1092mm　1/16
印　　张：10.25
字　　数：98 千字
版　　次：2018 年 2 月第 1 版
印　　次：2018 年 2 月第 1 次印刷
定　　价：40.00 元

投稿热线：020-83000503　读者热线：020-83000502
网址：http://www.nanfangdaily.com.cn/press　http://www.southcn.com/ebook
发现印装质量问题，影响阅读，请与承印厂联系调换

序 Foreword

刘梦

这是一本用翔实资料描绘广州市海珠区妇联工作改革模式的报告，更是一份海珠区妇联人用情怀与担当交出的令人满意与欣喜的妇联改革答卷。妇联作为全国各族各界妇女争取进一步解放而联合起来的群团组织，自成立以来便一直是党和政府联系妇女群众的桥梁和纽带，在维护妇女权益、促进男女平等方面发挥着无可替代的作用，并在我国社会治理格局中占据着非常重要的地位。但是近年来，社会的转型与发展对妇联等群团组织的工作带来了很大挑战。面对社会治理与群团工作的新常态，习近平总书记在党的第一次群团工作会议上强调："新形势下，党的群团工作只能加强，不能削弱，只能改进提高，不能停滞不前"。而《全国妇联改革方案》的出台则为妇联改革指明了前进方向；提出了明确要求，同时也显示出党中央对妇联改革的高度重视。在新形势下，妇联必须积极转型，克服机关化、行政化、贵族化、娱乐化的误区，探索参与社会治理创新，更好地知民情、解民忧、化民怨、暖民心，从而增强自身工作的政治性、先进性、群众性，带领广大妇女群众围绕党和国家的工作大局建功立业。面对新形势对妇女工作提出的各项新要求，海珠区妇联以"上接天线、下接地气"的态度拉开了自我革新的序幕，历经数年实现了三个改革阶段的蜕变，不仅把党中央和上级妇联提出的要求落到实处，更创造性地探索出极具海珠特色的改革实践模式。

本书十分适时地回顾了海珠区妇联工作改革的历程，全面总结了海珠区妇联积累的改革经验，不仅为海珠妇联人继续深化改革、推动工作跃上新台阶夯实了基础，更为其他地区的妇联提供了可借鉴的经验和引人思索的启示。本书至少回答了妇联改革中存在的这样几个问题：第一，妇联改革的必要性、迫切性和可行性是什么？本书的第一章非常详细、清晰地梳理了近年来党中央和全国妇联关于妇联改革的若干会议与政策要点，以及已有的妇联工作模式。这显示出海珠区妇联对改革要点和痛点有着扎实的理解，这也是她们能够进行卓有成效的和具有针对性的改革的前提。第二，妇联改革的方向是什么？妇联组织如何去除“四化”，增强“三性”，实现从管理向服务的转变。本书第三章展现了海珠区妇联从广建三级妇女之家到引入社会化项目化工作手法，再到建设掌上“妇女之家”的三个改革阶段。第三，妇女组织如何组织好、用好、管好、协调好社会组织？如何处理社会组织与妇联组织之间的关系，使得社会组织能够真正服务妇联改革需要？第四章具体讨论了“区妇联总体部署、地区妇联自主运作、社会组织联盟服务、专家智库技术支持、‘益家易’联动互通”的“海珠模式”特点。第五章在研究发现的基础上详细讨论了“海珠模式”的启示意义，其中许多要点让人读了有醍醐灌顶之感。例如，尽管许多地区的妇联组织都在探索通过购买社工服务来提升妇女服务水平，但“海珠模式”的创新之处在于妇联并没有成为购买社工服务的“甩手掌柜”，反而强调“以我为主”的原则，主动地调整了自身定位，通过参与妇女之家项目的招标、设计、监管与评估等环节牢牢把握住了妇女工作的主导作用，同时又广泛地凝聚了社会力量，提升了妇女服务的专业性。第四，网上妇联组织应该如何建设？海珠区妇联探索建立的“益家易”服务平台不同于许多群团组织的网络宣传平台，是一款功能更加强大的“互联网产品”，盘活了线上与线下、服务需求方与服务供应商之间的联动，真正迈出了探索“互联网+”妇女工作的步伐。还有许多海珠区妇联改革的其他珍贵经验盘落在本书之中，有待更多有心人前往发掘。

我相信本书只是海珠区妇联工作改革之路上的一个分号而非句号。在已有成功经验的基础上，海珠区妇联人应有更大的信心去追求卓越，继续完善和开拓新形势下的妇联工作模式。党的十九大明确指出我国社会主要矛盾已经转化为人民日益增长的美好生活需要和不平衡不充分的发展之间的矛盾；而妇联在满足妇女群众的美好生活需求方面应该发挥更大的作用，也势必有着更大的作为。我衷心希望海珠区妇联能够继续保持勇于革新、敢立潮头的特质，为推动妇联工作发展做出新的贡献！

（刘梦，中华女子学院副院长、教授）

目 录
CONTENTS

PART 4 “海珠模式”的特点 / 051

PART 5 “海珠模式”的启示与意义 / 113

PART 6 “海珠模式”的挑战与未来 / 149

PART 1

妇联工作改革背景

一、妇联的根本性质

妇女是中国特色社会主义现代化建设事业的一支重要力量。中华全国妇女联合会（以下简称“全国妇联”）成立于1949年4月3日，是全国各族各界妇女为争取进一步解放与发展而联合起来的群众组织，是中国共产党领导下的人民团体，是党和政府联系妇女群众的桥梁和纽带，是国家政权的重要社会支柱。《中华全国妇女联合会章程》明确规定，全国妇联的基本职能是：“代表和维护妇女权益，促进男女平等”。

可以看出，妇联在国家治理格局中占据着非常重要的地位，在维护妇女权益、促进妇女发展方面发挥着无可替代的作用。一方面，妇联必须始终坚持正确的政治方向，高举中国特色社会主义伟大旗帜，坚持和发展马克思主义妇女观，贯彻男女平等基本国策，始终围绕党和政府的中心开展工作，始终服从服务于经济社会发展的大局；另一方面，妇联要充分发挥自身特有的组织优势，联系和服务好广大妇女群众，要动员、汇聚、引领好广泛的社会资源服务妇女儿童，从而团结、引导广大妇女坚定不移地走中国特色社会主义妇女发展道路[1]。

因此，妇联的服务职能可以被划分为两个方面：一是为党和政府的决策服务；二是为满足妇女的需要服务[2]。具体来说，在为党和政府的决策服务方面，妇联的服务职能主要表现为：

第一，代表妇女参与国家和社会事务的民主管理和民主监督；

第二，关注并加强研究涉及妇女切身利益的热点、难点问题，提出对策建议；

第三，参与有关妇女儿童政策的拟定、修改；

第四，联系社会各界妇女组织，指导或协同开展妇女工作，并且加强同香港、澳门特别行政区和台湾地区及海外侨胞妇女的联谊，促进祖国统一等[3]。

[1] 中华全国妇女联合会。中华全国妇女联合会章程，网址链接为：http://www.woman.org.cn/col/col12/index.html
[2] 丁娟，曲雯. 妇联在政府职能转变中的作用研究[J]. 云南民族大学学报(哲学社会科学版)，2006(4):57-61.
[3] 广州市妇联简介：广州市妇联主要任务[EBIOL]. http://www.gzwoman.org.cn/gzwoman/ywzn/201112/2599365.shtml

在为满足妇女的需要服务方面，妇联的服务职能主要表现为：

第一，团结、动员、组织妇女群众投身改革开放和社会主义物质文明、精神文明建设；

第二，宣传马克思主义妇女观和男女平等思想，并且积极推动和开展对妇女的科技文化及生产劳动技能教育，全面提高妇女素质；

第三，维护妇女儿童合法权益，加强与社会各界的联系，协调推动全社会为妇女儿童办实事、办好事等[1]。

另外，在妇联的组织制度方面，妇女联合会实行全国组织、地方组织、基层组织和团体会员相结合的组织制度。如广东省妇联、广州市妇联、海珠区妇联属于地方组织，海珠区下辖的各街道地区妇联和社区妇联属于基层组织，层层管理，与职能型组织架构相似，下级要对上级直接负责，贯彻上级的领导、方针、政策，为基层群众开展社会服务。

二、妇联的传统工作方向及转型期带来的挑战

我国传统的妇女工作实际上包含两个层面的工作：一是宏观的社会政治层面的工作，主要包括代表妇女群众参政议政，争取男女平等、妇女解放；围绕党和政府的中心工作开展工作，团结、动员妇女投身于改革开放和社会主义现代化建设，促进社会发展；加强各族各界妇女的团结，维护和促进世界和平、祖国统一等。

二是微观的社会服务层面的工作，主要是围绕妇女在自我成长、就业、婚姻家庭、子女抚养教育、赡养照顾老人等方面出现的困惑、问题或危机，向求助的妇女提供具体帮助，发挥她们的潜能，促进妇女的发展[2]。不能否认的是，传统的妇女工作在发动妇女参加社会建设，教育、引导妇女“自尊、自信、自立、自

[1] 丁娟，曲雯．妇联在政府职能转变中的作用研究[J]．云南民族大学学报（哲学社会科学版），2006(4):57-61.
[2] 蒋美华．社会转型期的妇女社会工作[J]．妇女研究论丛，2004(3):38-42.

强”，维护妇女合法权益，以及在家庭文化建设和为妇女提供服务等多方面取得了重大成绩，促进了妇女发展和国家进步。

随着改革开放及社会主义市场经济体制的确立，社会发展进入重要时期。当前，我国正处于经济社会发展的重要战略机遇期和社会矛盾凸显期，面临着机遇和挑战，改革开放带来的全方位社会转型在极大地促进社会和妇女发展的同时，也不可避免地造成社会矛盾与冲突的增加。

首先，新形势下妇女群体需求的变化对妇联传统工作内容带来了冲击。随着单位制解体、人口流动加速，人们的社会价值取向、生活方式、利益需求日趋多元化，妇女群体内部的分化开始出现，不同区域、民族、阶层、行业、职业、年龄的妇女面临着不同问题、需求和利益，妇女的诉求更加多样化、个性化和复杂化[1]，传统的妇联的服务方式和手段越来越不能满足新时期妇女群众的需求。

第二，传统的自上而下的妇联组织形式在基层工作中遭遇到了瓶颈。这具体表现为：一是妇联倒三角形式的组织架构和计划经济时期沿袭下来的组织内部制度规范难以适应新时期具体运作的客观需求状况 。基层街道一级妇联工作人员需要承接落实大量的群众工作，而且他们多为非专职化，需要同时兼任街道的多项工作。二是妇联组织统一且相对单一的行政部署式工作方式难以有效地联系和服务广大妇女群众，妇联工作人员也缺乏解决各种妇女儿童问题的专业知识和技巧，无法满足当下各阶层妇女多样化的需求。三是妇联组织机关化的工作方式和工作作风难以激发和吸引体制外的妇女群众及社会资源共同参与。因此，社会转型、政府职能转变以及女性需求日益多元化等使妇联开展工作的内部、外部环境发生了根本的变化，对妇联的组织设置、工作和活动方法等提出了新的要求，妇联基层组织改革成为必然。

第三，新形势下党和群团组织面临着国内外环境的严峻挑战。中共中央在《中共中央关于加强和改进党的群团工作的意见》中如此描述此类宏观层面的

[1]马焱. 妇联组织职能定位及其功能的演变轨迹——基于对全国妇联一届至十届章程的分析[J]. 妇女研究论丛,2009(5):38-47.

挑战：

“我国发展的内外环境正在发生深刻变化，党面临的挑战和考验前所未有。人心向背关系党的生死存亡。巩固党的执政地位，经受住执政考验、改革开放考验、市场经济考验、外部环境考验，应对好精神懈怠危险、能力不足危险、脱离群众危险、消极腐败危险，核心是保持党同人民群众的血肉联系。必须加强和改进党的群团工作，全心全意依靠工人阶级和广大人民群众，最大限度把人民群众团结在党的周围，打造抵御国内外敌对势力干扰破坏和“颜色革命”的铜墙铁壁，夯实党执政治国的群众基础。”

由此可见，妇联工作改革不仅关乎能否回应妇女群体在新时代背景下的需求、能否提升妇联组织的工作水平，更关乎能否团结人民群众、巩固党的执政地位的大局，妇联必须直面国内外环境带来的政治性挑战，更好地发挥党联系妇女群众的桥梁和纽带作用，在新形势下更好地引导广大妇女群众听党话、跟党走，服务党和国家的工作大局。

为了应对社会转型期出现的种种挑战，党和全国妇联近年来不断加强顶层设计，出台了一系列关于妇联工作改革的政策文件，为妇联工作改革指明了方向。

三、妇联工作改革的方向

（一）党中央关于群团改革的文件与会议

党的十八大以来，以习近平同志为总书记的党中央高度重视群团工作，不断为党的群团工作明确目标、指明路径：2015年2月，中共中央印发《中共中央关于加强和改进党的群团工作的意见（中发〔2015〕4号）》，提出了新形势下加强和改进党的群团工作的重要性和紧迫性，强调了要坚定不移走中国特色社会主义群团发展道路、加强党委对群团工作的组织领导，并对新时期加强和改进党的群团工作提出了具体要求（主要内容如表1-1所示）。

由表1-1可见，党关于群团组织工作改革的意见可归为两个主要方面：一是加强组织建设，包括改革工作体制、加强党建工作、增强组织活力等；二是提升工作水平，更好地团结群众、引导群众、服务群众，参与社会治理创新，为党和国家工作大局服务。

表1-1 《中共中央关于加强和改进党的群团工作的意见》主要内容

意见要点	主要内容	
新形势下加强和改进党的群团工作的重要性和紧迫性	·“两个一百年”奋斗目标、中华民族伟大复兴的中国梦。 ·调动人民群众的积极性、主动性、创造性。 ·党面临的内外环境挑战和考验。 ·群团工作存在的不适应的问题	
坚定不移走中国特色社会主义群团发展道路	六个“坚持”	·坚持党对群团工作的统一领导。 ·坚持发挥桥梁和纽带作用。 ·坚持围绕中心、服务大局。 ·坚持服务群众的工作生命线。 ·坚持与时俱进、改革创新。 ·坚持依法依章程独立自主开展工作
加强党委对群团工作的组织领导	·群团组织实行分级管理、以同级党委领导为主的体制。 ·地方党委要建立和完善研究决定群团工作重大事项制度。 ·地方党委有关工作会议应该请工会、共青团、妇联等群团组织主要负责人参加或列席。 ·把群团建设纳入党建工作总体部署。 ·群团组织中的党组要充分发挥领导核心作用。 ·领导干部要加强对群团工作理论政策的学习研究	
新时期加强和改进党的群团工作的具体要求	三个“推动”	·推动群团组织团结动员群众围绕中心任务建功立业。 ·推动群团组织引导群众自觉培育和践行社会主义核心价值观。 ·推动群团组织改革创新、增强活力
	三个“支持”	·支持群团组织加强服务群众和维护群众合法权益工作。 ·支持群团组织在社会主义民主中发挥作用。 ·支持群团组织参与创新社会治理和维护社会稳定
	一个“加大”	·加大对群团工作的支持保障力度
	一个“加强”	·加强群团组织领导班子和干部队伍建设

2015年7月，中共中央第一次召开党的群团工作会议，习近平总书记出席会议并发表重要讲话，指出“新形势下，党的群团工作只能加强，不能削弱，只能改进提高、不能停滞不前”。习近平强调，“对党的群团工作取得的显著成绩必须充分肯定，同时必须注重解决存在的问题，特别是要重点解决脱离群众的问题，群团组织必须切实保持和增强政治性、先进性和群众性”。其中，“政治性是群团组织的灵魂，是第一位的，群团组织要始终把自己置于党的领导之下，在思想上政治上行动上始终同党中央保持高度一致”；另外，“保持和增强先进性是群团组织的重要着力点，要牢牢把握为实现中华民族伟大复兴中国梦而奋斗的时代主题，紧紧围绕党和国家工作大局，组织动员广大人民群众走在时代前列，在改革发展稳定第一线建功立业”；同时，“群众性是群团组织的根本特点，群团组织要深入基层、深入群众，争当全心全意为人民服务宗旨的忠实践行者、党的群众路线的坚定执行者、党的群众工作的行家里手。[1]”习近平总书记关于群团组织政治性、先进性和群众性的论述为做好新时期党的妇女工作进一步指明了方向。

2016年7月，中共中央办公厅印发了《全国妇联改革方案》，标志着全国妇联改革正式拉开序幕。《全国妇联改革方案》强调：“妇女工作是党的群众工作的重要组成部分。妇联组织是党领导下的人民团体，是党和政府联系妇女群众的桥梁和纽带，是党开展妇女工作最可靠最有力的助手。必须抓住全面深化改革重大历史机遇，以强烈的责任担当和自我革新勇气，全面推进全国妇联改革，引领带动各级妇联组织改革，努力提高为党做好妇女工作的能力和水平，开创妇联工作新局面。”具体来说，《全国妇联改革方案》从七个方面提出了改革措施：

第一，改进全国妇联领导机构人员构成、运行机制和机构设置。包括：增强广泛性、代表性，提高劳动妇女和知识女性中的优秀代表比例；完善工作制度，

[1] 新华社，习近平在中央党的群团工作会议上强调切实保持和增强政治性先进性群众性开创新形势下党的群团工作新局面，2015年7月7日。

提高工作科学化水平；调整优化部门职能，改革直属单位设置等。

第二，改革全国妇联机关干部选拔任用方式和管理制度。包括：不拘一格从基层、各个领域选用优秀人才，形成一支以专职干部为骨干力量、挂职兼职干部为重要支撑的充满活力的全国妇联机关干部队伍；建立妇联干部直接联系妇女群众制度等。

第三，创新动员妇女服务大局的载体和方式。包括：创新思想教育方式，引导妇女听党话、跟党走，坚定中国特色社会主义道路自信、理论自信、制度自信、文化自信，筑牢理想信念、创造出彩人生；创新“巾帼建新功·共筑中国梦”主题实践活动；创新妇联家庭工作等。

第四，提高服务妇女、维护妇女合法权益能力。包括：拓宽妇女有序民主参与渠道；创新妇联维权工作；深化特殊困难妇女帮扶工作；建立依靠妇女群众推进妇联工作的运行方式，探索委托第三方开展妇联工作评估等。

第五，做强基层，夯实基础。包括：创新基层组织设置；壮大基层工作力量；发挥基层阵地作用，将“妇女之家”建设向各领域延伸；加强对女性社会组织的联系引导，培育扶持专业类、公益类、服务类女性社会组织，加强政治引领、示范带动和联系服务；探索基层妇联与其他基层群团组织资源整合、协同发力的服务模式等。

第六，打造“网上妇女之家”。包括：实施妇联上网工程；充分运用网络和新媒体建立与各族各界、各行各业妇女群众的广泛联系；建设妇联网上工作新平台，构建联系网、工作网、服务网整体合一的“互联网+妇联”工作新格局；主动开展网上舆论斗争等。

第七，切实加强党的领导。包括：落实党建带妇建制度；加大妇联干部培养选拔使用交流力度；对基层妇联组织的经费补贴落实到位；充分发挥全国妇联党组领导核心作用；坚持妇联以统计党委领导为主、接受上级妇联双重领导，加强与省级党委沟通协调，推动解决省级妇联工作中遇到的困难和问题等。

2017年2月，中共中央政治局委员、中华人民共和国副主席李源潮在全国妇联第十一届六次执委会议上发表讲话，对2017年妇联工作提出了五点意见：①以迎接党的十九大胜利召开为工作主线，团结带领广大妇女听党话、跟党走，更紧密地团结在以习近平同志为核心的党中央周围；②围绕中心、服务大局，动员广大妇女为全面建成小康社会建功立业；③深入推进家庭文明建设，为培育和践行社会主义核心价值观做出独特贡献；④推进妇联改革取得实质性进展和成效，让妇女群众有更多改革获得感；⑤落实全面从严治党要求，加强妇联干部队伍建设。

2017年10月，习近平总书记在中国共产党全国代表大会上提出要增强群众工作本领，创新群众工作体制机制和方式方法，推动工会、共青团、妇联等群团组织增强政治性，先进性、群众性。

综上所述，群团组织作为党和政府联系人民群众的桥梁和纽带，其工作改革事关党和国家工作的大局，因此受到党的高度重视。党中央关于群团工作改革的一系列政策文件与会议讲话明确了包括妇联在内的群团组织改革的指导思想、基本原则、目标要求和相关措施。在党中央的指导下，全国妇联也相继进行了一系列工作改革部署。

（二）全国妇联的改革文件与会议

作为妇联系统开展各项工作的顶层设计者，全国妇联近年来顺应历史潮流，围绕党政所需，以妇联基层组织建设为主线，先后发出了一系列指导性文件，为各基层妇联的改革指明了方向。

2010年10月，全国妇联在《关于在党群共建创先争优活动中建设村、社区妇女之家的意见（妇字〔2010〕34号）》中提出，“各级妇联组织要在党群共建创先争优活动中，依托村级组织和社区活动场所建设妇女之家，加强妇联基层组织阵地建设”，强调“村、社区妇女之家是村、社区妇联组织凝聚妇女、服务妇女的重要阵地，是妇联组织参与社会管理和公共服务的重要平台”。该意见划分了妇女之家的主要功能（宣传教育功能、维权服务功能、组织活动功能）并提出了建设妇女之家的相关要求，为妇联巩固和发展妇女工作阵地发挥了重要的指导作用。

2011年7月，全国妇联出台了《关于全面推进妇联组织参与社会管理创新工作的意见（妇字〔2011〕24号）》，强调了妇联组织参与社会管理创新的使命感和责任感，提出了新形势下妇女群众工作的“六个创新”——创新联系妇女方式、创新思想工作方法、创新维权服务手段、创新妇女参与模式、创新工作活动载体、创新基层组织形式，并做出了妇联组织参与社会管理创新的工作部署。

2013年10月，中国妇女第十一次全国代表大会召开，会议提出“必须要构建开放、多元、立体的妇联组织体系，实现对妇女群众的广泛覆盖和有效联系”，习近平在同全国妇联新一届领导班子集体谈话时强调，“推动妇女事业发展，做好妇联工作，必须有改革创新精神……要通过立体化、多层面的组织体系最广泛地把广大妇女吸引过来、凝聚起来，让广大妇女在身边就能找到妇联组织、得到及时帮助，把妇联组织当作可以信赖和依靠的地方”。

2014年7月，全国妇联十一届三次常委会议明确了以改革创新精神建设服务型基层妇联组织，积极构建内外资源有效整合、各方力量联手推动的社会参与机制。会议指出，建设服务型基层妇联组织要“坚持党建带妇建，坚持需求导向，立足妇女特别是普通妇女群众的需求和困难，把服务大局、服务妇女、服务基层落到实处”。

2015年2月，《全国妇联关于加强服务型基层妇联组织建设的意见（妇字〔2015〕15号）》对加强服务型基层妇联组织建设的总体要求、主要任务、方法措施、组织领导等内容做出了重要部署。其中，总体要求包括：①坚持党建带妇建，妇建服务党建；②坚持围绕中心，服务大局；③坚持需求导向，服务妇女；④坚持改革创新、统筹推荐，达到“五有”目标。主要任务包括：①健全组织网络；②建设骨干队伍；③构建服务平台；④强化服务功能。方法措施包括：①突出分类指导；②协调争取政策；③突破重点难点；④加强示范引导。加强组织领导包括：①强化落实责任；②强化督导检查；③强化改进作风。

2015年6月，全国妇联出台《关于开展创业创新巾帼行动的意见（妇字〔2015〕28号）》，提出要“引领广大妇女顺应‘互联网+’的新趋势，在经济发展新常态下积极投身创业创新的社会实践”，注重着力提升妇女创业创新能力，探索依托互联网创新妇女培训模式，借助互联网和大数据技术建设妇女创业示范基地等，指出了妇联工作引入互联网技术的重要性。

2015年8月，《全国妇联关于贯彻落实〈中共中央关于加强和改进党的群团工作的意见〉实施方案》出台，对加强和改进妇联工作进行了重要部署，共提出九大工作要点，三十九项具体措施（如表1-2所示）。

2015年9月，全国妇联出台了《全国妇联关于扩大基层妇联组织成员的意见》，进一步对基层妇联组织建设做出部署，规定了增加基层妇联组织成员数量的基本要求、人选范围和产生方式，强调发挥基层妇联组织成员作用要做到“明确职责、强化服务、注重激励”。

2016年3月，全国妇联出台《关于加强妇联系统网络及新媒体建设的指导意见（妇字〔2016〕17号）》，提出“力争两年内初步建成‘网上妇女之家’，开创实体妇女之家和网上妇女之家两条战线广泛覆盖、有效凝聚的妇联工作新格局”的主要目标，制定了妇联加强网络及新媒体建设的七项基本原则和十大工作任务。该指导意见体现了全国妇联对网络及新媒体建设的高度重视和坚定决心，彰显了在妇联组织改革创新大局中网络及新媒体建设的重要位置。

2017年2月，全国妇联主席沈跃跃在全国妇联十一届六次执委会议上对妇联工作提出了五点意见：

一是深入学习贯彻习近平总书记系列重要讲话精神，坚决维护以习近平同志

表1-2 《全国妇联关于贯彻落实<中共中央关于加强和改进党的群团工作的意见>实施方案》主要内容

工作要点	具体措施
一、深刻理解和把握习近平总书记重要讲话精神，保持和增强妇联工作和妇联组织的政治性先进性群众性	1.切实用习近平总书记重要讲话精神统一思想、指导实践。 2.自觉坚持党的领导。 3.坚定不移走中国特色社会主义群团发展道路。 4.把保持和增强政治性先进性群众性要求落实到妇联工作各方面。 5.充分发挥妇联党组领导核心作用
二、切实承担引导妇女群众听党话、跟党走的政治任务，为夯实党执政的妇女群众基础作贡献	6.用中国特色社会主义共同理想凝聚妇女群众。 7.提高妇女群众思想引领工作的针对性和实效性。 8.把网络作为开展妇女群众工作的重要阵地
三、紧紧围绕党和国家工作大局，组织动员妇女在改革发展稳定第一线建功立业	9.激励妇女巾帼建新功、共筑中国梦。 10.引领妇女积极投身大众创业、万众创新。 11.发动妇女踊跃参与生态文明建设。 12.促进妇女素质能力提高
四、引导广大妇女积极培育和践行社会主义核心价值观，自觉在社会生活和家庭生活中发挥独特作用	13.用社会主义核心价值观滋养妇女精神世界。 14.发挥妇女先进典型的榜样引领作用。 15.创新家庭文明建设工作。 16.做好家庭教育指导服务工作
五、坚持履行政治职责与做好服务和维权工作相结合，扎实开展服务妇女和维护妇女合法权益的工作	17.大力推进男女平等基本国策的贯彻落实。 18.推动实施妇女、儿童发展纲要。 19.满腔热情做好服务妇女群众工作。 20.健全妇女维权服务工作机制。 21.通过参与承接政府购买服务提高服务妇女群众工作的能力水平。 22.凝聚社会力量共同服务妇女群众
六、积极参与社会治理创新，在推进社会主义民主中发挥独特优势和作用	23.拓宽参与协商民主的渠道和形式。 24.配合做好女干部培养选拔任用工作。 25.引导妇女积极参与城乡社区协商。 26.联系和引导女性社会组织健康有序发展。 27.做好化解基层矛盾、维护社会稳定工作
七、以最大限度吸引、凝聚妇女群众为着力点，进一步加强妇联组织特别是基层组织体系建设	28.落实妇联系统双重领导制度。 29.拓展基层妇联组织覆盖面。 30.加强乡镇、街道一级妇联组织建设。 31.增强各级妇联组织的广泛性代表性。 32.切实发挥妇联团体会员作用
八、坚持德才兼备、以德为先，切实加强妇联干部队伍建设。	33.提升妇联干部的思想政治素质和业务能力。 34.完善妇联干部管理方式。 35.改进妇联干部工作作风。 36.切实加强各级妇联党组织建设
九、增强自我革新的决心和勇气， 大力推进妇联组织和工作改革创新	37.增强深化改革的责任感紧迫感。 38.把握深化改革的方向。 39.积极稳妥地推进改革

为核心的党中央权威。

二是加强思想引领，团结带领广大妇女坚定不移听党话、跟党走，包括：加强学习宣传，筑牢妇女群众听党话、跟党走的思想根基；创新方式方法，最大限度把广大妇女吸引过来、凝聚过来；牢牢占领网络舆论阵地，理直气壮唱响思想引领的主旋律。

三是更好地服务大局、服务妇女，团结动员广大妇女在全面建成小康社会中发挥半边天作用，包括：带领广大妇女在服务大局中发挥积极作用；站在为党凝聚人心的政治高度扎实做好服务妇女、维护权益工作；积极拓展与港澳台妇女和妇女社团的交流，凝聚壮大妇女爱国力量。

四是注重家庭、家教、家风，推动形成社会主义家庭文明新风尚，包括：坚持用社会主义核心价值观引领家庭文明建设；弘扬优良家风，不断深化寻找“最美家庭”活动；坚持立德树人，加强家庭教育指导服务；真抓实干，积极推进巾帼家政服务健康发展。

五是坚持正确方向，以钉钉子精神抓好妇联改革各项任务的落实，包括：把党的领导贯穿改革始终；推进妇联改革取得实质性进展；创新工作方式，加强网上妇女工作；落实全面从严治党要求，不断加强妇联干部队伍建设。

2017年8月，全国妇联常委扩大会议在北京召开，全国妇联党组书记宋秀岩强调妇联改革要取得成功，必须做到“五个坚持”：①必须坚持党的领导，以保持和增强政治性、先进性、群众性为目标，确保妇联改革的正确政治方向；②必须坚持问题导向，在去“四化”、补“四缺”上持续精准发力，增强妇联改革的针对性和实效性；③必须坚持深耕基层，做强基层组织、建好基层阵地、壮大基层力量、活跃基层工作，使妇联改革在基层落地见效；④必须坚持上下“一盘棋”，把搞好顶层设计与基层探索创新紧密结合起来，形成推进妇联改革的合力；⑤必须坚持求真务实，让实践来检验、让基层来评判、让妇女群众来打分，确保妇联各项改革取得实实在在的成果。全国妇联主席沈跃跃则在会议中强调，各级妇联要牢牢把握正确政治方向，自觉坚持党的领导，深入扎实推进妇联改革，更好地服务大局、服务妇女，带领广大妇女紧密团结在以习近平同志为核心的党中央周围，为决胜全面建成小康社会，夺取新时代中国特色社会主义伟大胜利，实现中国梦贡献巾帼力量。

综合以上政策文件和会议精神，新时期妇联改革需要重点解决脱离群众的问题，保持和增强妇联的政治性、先进性与群众性，增强桥梁、纽带作用，更好地服务大局、服务妇女，引导广大妇女群众听党话、跟党走，共圆中国梦。具体来说，妇联改革主要包括以下几个方面的内容：

一是加强妇联组织建设，创新组织设置，拓展工作覆盖面。

二是构建多元、立体、开放的妇联组织架构，吸纳更多优秀女性参与，增强各级妇联组织的广泛性与代表性，进一步壮大各级妇联组织。

三是拓展妇女之家，增强服务功能，发挥阵地作用，健全妇女维权服务工作机制，通过参与承接政府购买服务提高服务妇女群众工作的能力水平。

四是加强社会组织培育，凝聚社会力量，为妇女群众提供专业服务。

表1–3　中共中央及妇联工作改革相关文件/会议汇总表

类型	时间	文件/会议名称	主要内容
党中央关于群团改革的文件与会议	2015年2月	《中共中央关于加强和改进党的群团工作的意见》	强调了新形势下加强和改进党的群团工作的重要性和紧迫性，对加强和改进党的群团工作提出了具体要求
	2015年7月	中央党的群团工作会议	指出“新形势下，党的群团工作只能加强，不能削弱，只能改进提高，不能停滞不前”， 强调保持和增强群团组织的政治性、先进性与群众性
	2016年9月	《全国妇联改革方案》	强调“妇女工作是党的群众工作的重要组成部分。妇联组织是党领导下的人民团体，是党和政府联系妇女群众的桥梁和纽带，是党开展妇女工作最可靠最有力的助手”，提出七个方面的改革措施
	2017年2月	李源潮在全国妇联第十一届六次执委会议上发表讲话	对2017年妇联工作提出了五点意见
	2017年10月	习近平向党的十九大作报告	提出增强群众工作本领，创新群众工作体制机制和工作方法，推动工会、共青团、妇联等群众组织增强政治性、先进性、群众性

续表

类型	时间	文件/会议名称	主要内容
全国妇联的改革文件与会议	2010年10月	《全国妇联关于在党群共建创先争优活动中建设村、社区妇女之家的意见》	提出“各级妇联组织要在党群共建创先争优活动中，依托村级组织和社区活动场所建设妇女之家，加强妇联基层组织阵地建设”，强调“村、社区妇女之家是村、社区妇联组织凝聚妇女、服务妇女的重要阵地，是妇联组织参与社会管理和公共服务的重要平台”
	2011年7月	《关于全面推进妇联组织参与社会管理创新工作的意见》	强调了妇联组织参与社会管理创新的使命感和责任感，提出了新形势下妇女群众工作的“六个创新”
	2013年10月	中国妇女第十一次全国代表大会	提出“必须要构建开放、多元、立体的妇联组织体系，实现对妇女群众的广泛覆盖和有效联系”
	2014年7月	全国妇联十一届三次常委会议	明确了以改革创新精神建设服务型基层妇联组织，积极构建内外资源有效整合、各方力量联手推动的社会参与机制
	2015年2月	《全国妇联关于加强服务型基层妇联组织建设的意见》	对加强服务型基层妇联组织建设的总体要求、主要任务、方法措施、组织领导等内容做出了重要部署
	2015年6月	《关于开展创业创新巾帼行动的意见》	提出要“引领广大妇女顺应‘互联网+’的新趋势，在经济发展新常态下积极投身创业创新的社会实践”
	2015年8月	《全国妇联关于贯彻落实<中共中央关于加强和改进党的群团工作的意见>实施方案》	对加强和改进妇联工作进行了重要部署，共提出九大工作要点，三十九项具体措施
	2015年9月	《全国妇联关于扩大基层妇联组织成员的意见》	进一步对基层妇联组织建设做出部署
	2016年3月	《全国妇联关于加强妇联系统网络及新媒体建设的指导意见》	提出建设“网上妇女之家”的主要目标，制定了妇联加强网络及新媒体建设的七项基本原则和十大工作任务
	2017年2月	全国妇联十一届六次执委会议	全国妇联主席沈跃跃对妇联工作提出五点意见
	2017年8月	全国妇联常委扩大会议	指出妇联改革取得成功必须做到“五个坚持”

五是运用网络新媒体手段创新工作模式，打造“网上妇女之家”，构建联系网、工作网、服务网整体合一的“互联网+妇联”工作新格局。

四、妇联工作改革模式的先例

2015年，广东省妇联委托中山大学进行“社会治理背景下村居妇女工作转型创新研究”课题，调研组将省内的妇联村居妇女工作划分为三类——常规妇女工作、特色妇女工作和社工介入见下文妇女工作[1]。本报告以该研究课题的调研资料为基础，将三个类型的妇女工作开展情况进行各维度的对比（承接主体、资金来源、服务对象、服务内容、资源链接、工作模式、服务评估、互联网、优势、不足）。具体情况对比见表1-4。

如表1-4所示，以村居类型作为划分标准，可以将社区划分为以农业为主的偏远传统农村社区（简称“传统社区”）、正处在工业化转型的农村社区（简称“转型社区”）、以居住为主的中高档城市社区（简称“城市社区”）三种类型。以下将分别阐释常规妇女工作、特色妇女工作和社工介入妇女工作这三种妇女工作在不同类型的社区的情况。

（一）常规妇女工作

在常规妇女工作模式下，妇联主要承担服务者的角色，妇代会是妇联在转型社区和城市社区开展工作的基本组织力量，而在传统社区，则由村委会和妇代会共同承担。常规妇女工作的经费主要由财政直接拨款提供，没有专项的政府购买服务资助，但注重链接政府资源，如帮助困难人群了解政府的救助政

[1] 张和清，等.社会治理背景下广东村居妇女工作转型创新研究报告[R].2016.

策，协助政府给困难单亲家庭发放救济金等。在服务对象和服务内容方面，常规妇女工作主要为特殊困难妇女儿童群体提供一次性服务，包括计生工作、特殊人群的扶贫与慰问工作、单亲母亲的救济工作、纠纷的调解和妇女节日的庆祝活动等。不难看出，常规妇女工作的服务对象是以妇女、儿童及其家庭为主。工作模式则是以妇联传统工作模式和方法为主，如婚姻关系协调、家庭暴力处理、单亲妇女帮扶等。

总的来看，常规妇女工作具备三个主要的优势：一是“先天优势”，各村的妇女干部、妇委有丰富的工作经验，熟悉社区的情况；二是基层妇联开展工作时，与村委会、居委会“分工不分家”，使得妇代会能够多方综合地开展工作；三是形成了以妇女儿童为基础的家庭工作模式和方法。

同时，常规妇女工作也存在两个方面的不足。一方面是妇联组织自身内部条件的不足，具体表现为：第一，基层妇联主动性不高，工作技能不足，使得妇女服务内容形式缺乏新意，妇女工作主要以上级妇联通知为准；第二，由于“分工不分家”的工作模式，妇女干部、妇委常常兼顾其他工作，如计生、民政、残联等，使妇女工作“边缘化”；第三，妇女工作开展的水平参差不齐，妇女工作质量与妇联干部的个人因素紧密相关。

另一方面是妇联组织的外部环境的不足，具体表现为：第一，社区居民对妇女工作的了解较少；第二，由于经费和资源的限制，工作开展遇到困境；第三，突发事件成为工作开展的重要挑战。

（二）特色妇女工作

特色妇女工作模式中，妇联主要承担着服务者的角色，工作主体为基层妇代会，工作经费主要来源于财政直接拨款。特色妇女工作主要以一般妇女儿童群体为服务对象，提供包括兴趣培养、文娱活动、亲子教育、维权教育、扶危济困等在内的各类恒常性服务，形成了“以‘妇女之家’为载体，结合妇联传统工作方法”的工作模式，能够针对不同群体和不同需求提供多元化服务，活跃社区文化生活。

总的来看，特色妇女工作的优势在于：一是“妇女之家”的平台效应，便于

表1-4 三种类型的妇女工作开展情况对比

模式 维度	常规妇女工作模式	特色妇女工作模式	社工介入妇女工作模式
妇联角色	服务者	服务者	合作者/资助者
工作主体	妇代会	妇代会	社会组织
资金情况	财政直接拨款	财政直接拨款	妇联、民政、基金会等购买或资助服务
服务对象	特殊困难妇女儿童群体	一般妇女儿童群体	全体社区居民
服务内容	以一次性服务为主，包括扶贫、慰问、纠纷调解、维权、节假日活动及社区宣传活动等	以恒常性服务为主，包括兴趣培养、文娱活动、亲子教育、维权教育、扶危济困等	以各类专业社会工作服务为主，包括个案工作、小组工作、社区工作等
资源链接	政府资源为主	基层资源为主	志愿者资源为主
工作模式与方法	以妇联传统工作模式和方法为主，如婚姻关系协调、家庭暴力处理、单亲妇女帮扶等	以“妇女之家”为载体，结合妇联传统工作方法，针对不同群体和不同需求提供多元化服务，活跃社区文化生活	以社会工作专业方法为主，如社区为本整合模式、优势视角、资产为本、需求为本等社会工作专业服务模式
服务监测与评估	无	无	第三方机构评估
互联网平台建设	无	无	无
优势	①“先天优势”：各村的妇女干部、妇委有丰富的工作经验，熟悉社区的情况；②基层妇联与村委会、居委会“分工不分家”，使得妇代会能够综合地开展工作；③坚持了妇联传统的工作理念与工作模式	①“妇女之家”的平台效应，便于吸收多种资源；②妇女干部与其他村委会干部之间“分工不分家”，交叉合作的职能带来当地社区经济、社会与文化的综合发展	①专业社工机构支持，运用专业的理论知识、工作手法和价值理念；②社工重视团队的合作和建设；③有良好的硬件和场地开展服务；④充分利用志愿者资源开展服务；⑤社工扎根社区，与村民建立了良好的关系，熟悉社区的情况
不足	①自身内部条件：a.工作主动性不高，工作技能不足，服务内容缺乏新意；b.妇女干部常常兼顾其他工作，角色模糊，妇女工作甚至被边缘化；c.妇女工作开展水平参差不齐，工作质量与个人因素紧密相关。②外部环境：a.社区居民对妇女工作的了解较少；b.经费和资源限制工作的开展；c.突发事件成为重要的威胁	①自主性不强，协助角色较多，特色服务不够突出，难以形成固定的工作模式，造成了妇委会形象和工作职能模糊的后果；②自主性不强也常导致被上级以及村领导安排临时性任务，难以保证特色妇女工作的连续性和质量	①人手不足，工作负担重；②社工人员流动大，影响服务的开展；③部分社工机构提供的服务，内容较少涉及妇女；④妇联对服务项目的参与较少

吸收多种资源；二是妇女干部与其他村委会干部之间“分工不分家”，交叉合作的职能带来当地经济、社会与文化的综合发展。

而特色妇女工作的限制在于自主性不强，协助角色较多，特色服务不够突出，难以形成固定的工作模式，自主性不强也常导致被上级以及村领导安排临时性任务，难以保证特色妇女工作的连续性和质量。

（三）社工介入妇女工作

在社工介入妇女工作模式中，妇联主要承担合作者或资助者的角色（前者是指妇联配合由民政部门、基金会资助的项目开展服务，后者则是由妇联直接出资购买社工服务），该模式的工作经费主要来源于妇联、民政部门、基金会等主体购买或资助。在该模式中，服务项目由社工机构负责运营，为全体社区居民提供各类专业社会工作服务。社工在传统社区是用社区为本的整合社会工作模式，从优势视角和资产为本的视角对社区进行介入，通过扎根社区，与村民建立关系，培育社区组织，推动社区可持续发展。在转型社区和城市社区中，社工以需求为本、问题为本、服务为本，运用社工督导以推动服务的开展，并依托中心、机构在社区中开展服务。

由此可见，社工介入下的妇女工作的优势在于：一是有专业的社工机构支持，由秉持着专业的社工理念，运用专业的理论知识、工作手法，遵循社工的价值理念的一线社工在社区服务；二是社工重视团队的合作和建设；三是社工有良好的硬件和场地开展服务；四是社工充分利用志愿者资源协助服务的开展；五是社工扎根社区，与村民建立了良好的关系，熟悉社区的情况。

而社工介入下的妇女工作的不足则在于：第一，人手不足，工作负担重；第二，社工人员流动大，影响服务的开展；第三，部分社工机构提供的服务，内容较少涉及妇女；第四，妇联对服务项目的参与较少。

（四）海珠区妇联的工作模式

在广东省内已有的常规妇女工作模式、特色妇女工作模式、社工介入妇女工作模式之外，广州市海珠区妇联紧跟党中央及全国妇联提出的改革要求，结合海珠区实际情况，积极探索基层妇联工作改革，构建了极具特色的“海珠模式”。海珠区妇联的工作改革经历了三个阶段的飞跃：由开创地区妇联建制、广建三级“妇女之家”，到建立恒常化、社会化、项目化、标准化、规模化、品牌化的“妇女之家”服务格局，再到运用“互联网+”思维开展妇联工作，逐渐形成了以“区妇联总体部署、地区妇联自主运作、社会组织联盟服务、专家智库技术支持、‘益家易’联动互通”为特点的“海珠模式”。

与已有的其他妇女工作模式不同，在“海珠模式”中，海珠区妇联发挥着“总体部署”的作用，将传统的一线服务职能转变为统筹部署的职能，既腾出空间让专业社工从事一线专业服务从而提升了服务质量，也增强了妇联在整体妇女工作统筹规划中的作用，更好地发挥妇联对妇女服务的主导作用，避免成为妇联购买社工服务后的甩手掌柜。另外，地区妇联发挥了自主运作的作用，充分发挥其“亲近妇女、了解妇女”的天然优势，结合各街道实际情况，通过需求评估、机构评选、服务支持、项目监管等环节参与建设“一家一特色”的街道“妇女之家”，避免了妇联组织对服务项目参与不足的问题。而社会组织则在“海珠模式”中发挥了联盟服务的作用，凭借其社会工作专业服务能力，协同妇联运作区级“3861我的家”和街道“妇女之家”项目，不仅解决了传统妇女服务面临的人手紧缺问题，更显著提升了服务的专业化水平。海珠区妇联还广泛吸纳心理学、社会工作、社会学等领域的学者和服务专家，组建了海珠区妇女儿童社会服务专家智库，为海珠区妇女儿童服务的运作和发展提供专业的技术支持，促进服务的迭代升级。除此之外，海珠区妇联还极具前瞻性地探索“互联网+”妇女工作，建设“益家易”服务平台发挥联动互通作用，不仅打通了妇联组织联系妇女群众的最后一公里，更搭建起线上与线下、服务需求方与服务供应方之间的互动枢纽，有效探索了妇女工作在“互联网+”时代下的发展。

由此可见，“海珠模式”具备不同于传统妇联工作模式的诸多特点，发展了妇联组织广泛凝聚社会力量、参与购买社工服务的机制，更先行先试地探索了妇联工作与互联网相结合的新型工作模式，这些丰富的改革实践为妇联组织乃至其他群团组织的工作改革提供了大量的经验与深刻的启示。因此，本书旨在全面总结海珠区妇联的工作改革经验，对“海珠模式”的形成过程、内容特点、启示意义等进行详细分析，为妇女工作及相关领域的管理者、研究者和一线服务者提供参考。

五、小结

从妇联的根本性质上看，妇联是中国共产党领导下的人民团体，是党和政府联系妇女群众的桥梁和纽带。因此，我国传统的妇女工作包含两个层面的工作：一是宏观的社会政治层面的工作，主要包括代表妇女群众参政议政，争取男女平等、妇女解放；围绕党和政府的中心工作开展工作，团结、动员妇女投身于改革开放和社会主义现代化建设中等。二是微观的社会服务层面的工作，主要是向妇女提供具体帮助，发挥她们的潜能，促进妇女的发展。

改革开放以来，社会转型、政府职能转变以及女性需求日益多元化等因素使妇联开展工作的内部与外部环节发生了重大变化，对妇联的组织设置、工作模式等提出了新的要求，传统方向的妇联工作已无法适应社会转型带来的挑战。同时，党中央高度重视群团工作，对群团组织改革进行了深刻的论述，印发了多份政策文件，并多次在党的工作会议上对妇联等群团组织的改革和创新做出了重要部署。而全国妇联近来也围绕党政所需，以妇联基层组织建设为主线，先后出台了一系列指导性文件，为各基层妇联的改革指明了方向。

不难看出，一系列纲领性文件的出台表明了中共中央支持群团组织参与创新社会治理和维护社会稳定的信心，并且将妇联改革作为全面深化改革重要组成部分进行谋划和部署。通过对政策文件的梳理，我们可以将新时期基层妇联工作改革主要的方向归纳为以下五个要点：

一是加强妇联组织建设，创新组织设置，重点抓好乡镇（街道）妇联组织建设，拓展工作覆盖面。

二是构建多元、立体、开放的妇联组织架构，吸纳更多优秀女性参与，增强各级妇联组织的广泛性与代表性，进一步壮大基层妇联工作力量。

三是拓展“妇女之家”，增强服务功能，发挥基层阵地作用，完善妇女服务工作机制，通过参与承接政府购买服务提高服务妇女群众工作的能力水平。

四是凝聚社会力量，加强对社会组织的联系引导，培育和支持关注女性服务的社会组织，加强政治引领，为妇女群众提供更加专业、多样的服务。

五是运用网络新媒体手段创新工作模式，打造掌上“妇女之家”，打破时间与地域界限，打通妇联组织联系妇女的“最后一公里”，构建联系网、工作网、服务网整体合一的“互联网+妇联”工作新格局。

另外，广东省内已有的三种类型的妇联村居妇女工作模式均存在一定的限制和不足。一是常规妇女工作，存在妇联组织自身内部条件的限制和妇联组织的外部环境的限制；二是特色妇女工作，其限制在于自主性不强，协助角色较多，特色服务不够突出，难以形成固定的工作模式，自主性不强也常导致被上级以及村领导安排临时性任务，难以保证特色妇女工作的连续性和质量；三是社工介入下的妇女工作，受到社工人手不足、人员流动大、部分社工机构提供的服务较少涉及妇女等多种限制。

在上述三种妇女工作模式之外，广州市海珠区妇联紧跟党中央及全国妇联提出的改革要求，紧密回应新时期妇联工作改革的五大方向，并根据地区实际情况进行调整与探索，把顶层设计指导与基层探索创新紧密结合起来，在已有的妇联工作模式外不断创新，探索出新时期妇联工作的“海珠模式”，对妇联组织改革提供了丰富的实践经验与启示。本书接下来将对“海珠模式”展开全面的描述与分析。

PART 2

研究方法

“海珠区妇联工作改革模式研究”由广州市海珠区妇女联合会资助并统筹指导，由中山大学社会工作教育与研究中心（以下简称“教研中心”）于2016年12月至2017年6月间具体实施。本次研究的目标为：全面总结海珠区妇女联合会工作改革的经验、模式与成效。为了达到研究目标，研究者主要采取了文献分析、问卷调查、实地走访、深度访谈等方法。

一、文献分析

研究者首先对2013年至2016年区级“3861我的家”和街道妇女之家开展的专业个案和咨询个案服务文书资料进行分析，总共录入并分析了289个专业个案和420个咨询个案文书资料。这些文书资料主要包括接案记录表、个案预估表、个案介入计划书、个案服务记录表、个案结案表、个案转介登记表等。通过对上述资料进行录入、整理与分析，研究者得以呈现“3861我的家”和街道妇女之家服务对象的基本信息、需求类型、服务板块、介入方法等情况，从而更好地探讨妇女之家服务对象的需求及其接受的服务情况。

此外，研究者还对2015—2016年度和2016—2017年度15个街道妇女之家项目的末期自评报告、末期评估报告进行分析，录入、整理并分析了各街道妇女之家项目的服务内容、服务板块、评估结果、资金情况、人员情况、服务指标完成情况等信息，从而呈现了海珠区妇女之家项目的发展现状。

研究者还整理了党中央关于群团改革的政策文件以及全国妇联关于妇联组织工作改革的政策文件，并对海珠区妇联制定或撰写的政策文件、项目管理办法、工作总结文件等资料进行整理、提炼，从而更好地分析海珠区妇联工作改革的思路与措施。

二、问卷调查

研究者通过开展人员问卷调查，了解了海珠区“3861我的家”和各街道妇女之家项目的从事一线妇女儿童服务的社会工作者[1]的现状。截至问卷调查开始前，海珠区“3861我的家”及各街道妇女之家共有44名社会工作者，在海珠区妇联和各街道妇联的协助下，研究者对全部44名海珠区妇女之家的社会工作者派发了人员调查问卷，并回收了44份问卷，回收率达100%，从而获得了其性别、年龄、学历、持证情况、专业教育背景、接受督导情况等信息。

三、实地访谈

研究者对海珠区“3861我的家”、街道妇女之家、妇女之家承接机构总部、地区妇联进行了共计15次实地访谈，对项目社工、机构负责人、地区妇联干部进行了半结构式访谈，了解了项目开展情况、社工与妇联合作关系、项目服务特色、项目面临的困难等内容，并收集了一线社工和地区妇联干部对海珠区妇女之家项目发展的建议。

[1] 不包括街道、居委会的“社区工作者”，政府、事业单位、群团组织的“行政社会工作者”以及机构内的实习生、未过试用期的员工、财务人员、行政人员、专职督导人员等。

四、研究发现框架及主要内容

本书将对海珠区妇联工作改革模式的形成历程、内容特点、经验启示、挑战与未来等内容进行全面、具体的介绍与分析。

本书第三章将聚焦海珠区妇联工作改革的历程，以时间的维度具体展示海珠区妇联工作改革经历的三个阶段以及各个阶段的改革内容，从而梳理海珠区妇联的改革实践脉络，讨论海珠区妇联的工作改革实践如何紧密回应党中央和全国妇联提出的改革要求。

本书第四章将具体分析“海珠模式”的特点，运用文献分析、问卷调查、实地访谈等调研资料，详细描述海珠区妇联工作改革模式在区妇联总体部署、地区妇联自主运作、社会组织联盟服务、专家智库技术支持、“益家易”联动互通等方面的特点内容。

本书第五章将详细讨论“海珠模式”的启示与意义，结合“海珠模式”的特点内容，对比已有的三种妇女工作模式，分析“海珠模式”在妇联角色、工作主体、资金来源、服务对象、服务内容、资源链接、工作模式和方法、服务监测与评估、互联网平台建设等方面对妇联购买社工服务的启示，并讨论“海珠模式”对妇联组织改革的启示与借鉴作用。

本书第六章将结合调研情况总结“海珠模式”面临的挑战并提出相应的建议，该章节从地区妇干队伍、“妇女之家”项目社工、专家智库、热心企业以及“益家易”服务平台的角度提出了“海珠模式”仍有待进一步提升的地方及相应的对策建议。

五、小结

“海珠区妇联工作改革模式研究”通过对海珠区妇联工作改革和海珠区妇女儿童服务开展情况进行文献分析、问卷调查、实地访谈等多种形式的调研，较为全面、深入地描绘了海珠区妇联工作改革的现状，并对妇联组织改革的“海珠模式”进行了总结分析，提出了关于“海珠模式”未来发展的建议。本书余下章节将具体讨论海珠区妇联工作改革历程、“海珠模式”的特点与启示等内容。

PART 3

海珠区妇联工作改革历程

本报告第一章梳理了党中央和全国妇联出台的一系列关于妇联工作改革的指导性文件，在相关顶层设计的指导下，近年来海珠区妇联顺时而动、主动作为，积极探索妇联工作改革、参与社会治理创新，对基层妇联组织建设和妇女服务发展进行探索，在创新突破的过程中不断反思和总结，逐渐在实践中探索形成了妇联工作改革的“海珠模式”。

目前，海珠区辖内有18个行政街和265个社区居民委员会，常住人口为163.79万人，其中女性约80万人，0—14岁儿童约16万人，户籍家庭35.7万户。海珠区妇联共有行政编制7人，工勤1人，下属18个地区妇联，14个局、机关妇委会（妇工委），265个社区妇联。

海珠区妇联的工作改革实现了三个阶段的飞跃：由开创地区妇联建制、广建三级“妇女之家”，到建立恒常化、社会化、项目化、标准化、规模化、品牌化的“妇女之家”服务格局，再到运用“互联网+”思维开展妇联工作。本报告接下来将对这三个阶段的改革历程进行详细陈述。

一、第一阶段（2002—2011年）：开创地区妇联建制，广建“妇女之家”

（一）改革街道妇联建制，创新基层组织建设

2002年开始，海珠区妇联抓住街道党建工作改革的契机，大胆改革街道妇联建制形式，把原来的街道妇联全面改建为地区妇联，居委会妇代会改建为社区妇代会，把辖区大中型机团单位的女性负责人、高级技术人员、女企业家、社会组织代表及社区妇女骨干纳入地区妇联执委，并自创设置名誉副主席若干名（现改称“兼职副主席”），由地区单位女性负责人或社区妇女骨干担任。通过把街道妇联改建为地区妇联，海珠区妇联将更多的优秀女性和社会资源引入妇联组织，推动构建了多元、立体、开放的妇联组织架构，探索出一条纵横贯通、立体化、覆盖广的充满生机与活力的基层妇联组织网络。

目前，海珠区18个地区妇联共有兼职副主席29人，由体制外女性任地区

妇联执委84人，占执委总数的37.3%。省部级单位相关负责人、楼宇党支部书记、女企业家、社会工作者通过地区妇联执委会，共同为地区妇女儿童工作的发展谋划献策，有效打开了地区妇联工作的思路，提升了地区妇联统筹辖区资源的能力。地区妇联甚至可以联动省部级单位的资源开展工作。例如，2004年赤岗地区妇联与中国电子科技集团公司第七研究所共建“凤雁俱乐部”，服务该单位外来女工；新港地区妇联与中山大学法律系、性别研究中心合作举办外来女工大维权研讨活动。

（二）创造性建立三级“妇女之家”

妇联组织是党和政府联系妇女群众的桥梁和纽带，服务妇女儿童是妇联组织的基本职责。而要服务好妇女儿童，阵地是首要条件，而建设“妇女之家”正是“坚强阵地”和“温暖之家”的一个看得见、摸得着的阵地载体。

2010年，全国妇联出台了《关于在党群共建创先争优活动中建设村、社区妇女之家的意见》，要求建设村、社区“妇女之家”，把基层妇联组织建设成为“坚强阵地”和“温暖之家”。为响应全国妇联全面建设村（社区）“妇女之家”的号召，2010年11月，海珠区妇联以“打造温暖贴心的娘家”为目标，在广州市率先挂牌成立第一个社区“妇女之家”。

此后，作为全国妇联基层组织建设示范区，海珠区妇联在上级妇联的指导和区委、区政府的关心支持下，于2011年1月先行先试，探索建立区、街道和社区三级“妇女之家”。这三级“妇女之家”分别由区妇女儿童活动中心、街道“妇女之家”、社区“妇女之家”组成，在全区18个街道、265个社区和20个经济联社全面挂牌成立。

在区妇联对三级“妇女之家”的定位部署中，区级“妇女之家”主要发挥“龙头引领”的作用，由专业社工机构进驻，聚合各类妇女团体和巾帼志愿队伍的资源，为妇女儿童提供高端、深度服务，逐步成为妇联服务、联系、团结妇女群众的有效平台。

街道“妇女之家”主要发挥“整合资源”的作用。区妇联大力推动，指导各地区妇联借街道开展创新社会管理的契机，将“妇女之家”纳入街道整体服务之中，做到“两个整合”，即第一，机制整合，地区妇联领导在街道创新社会管理工作机构中争得一席之地；第二，服务整合，“妇女之家”服务和街道家庭综合服务中心有效衔接，结合不同时期的工作热点，开展各项针对妇女儿童的服务，全面将妇联各项工作落到实处。

社区“妇女之家”主要发挥“一线服务”的作用。社区“妇女之家”打造凝聚妇女、服务妇女、展示妇女风采的平台。通过“妇干+巾帼志愿者”“传统经验+专业化技能”的模式，实现专业服务与妇女个体需求的对接，着力开展“四培育”，即第一，培育妇女领袖，提高基层妇干和妇女骨干的组织能力和号召力；第二，培育妇女组织，规范自发形成的妇女团体的管理，为她们提供更大的发展空间和展示平台；第三，培育巾帼志愿者，加强巾帼志愿者队伍的管理，发展巾帼服务项目；第四，培育矛盾化解和帮扶机制，为妇女群众提供更科学化、系统化的高质量的服务。

通过建设三级“妇女之家”，海珠区妇联逐步实现了妇联工作重心下移和将妇联各项工作融入“妇女之家”的目标，并且将妇女工作延伸至更多阶层和领域的妇女，为妇女群众提供更丰富且更及时有效的服务，扩大了妇联工作覆盖面。值得一提的是，海珠区妇联在全区建立三级“妇女之家”的做法在全省属于首创，是海珠区妇联对基层组织建设的一种前瞻性突破。

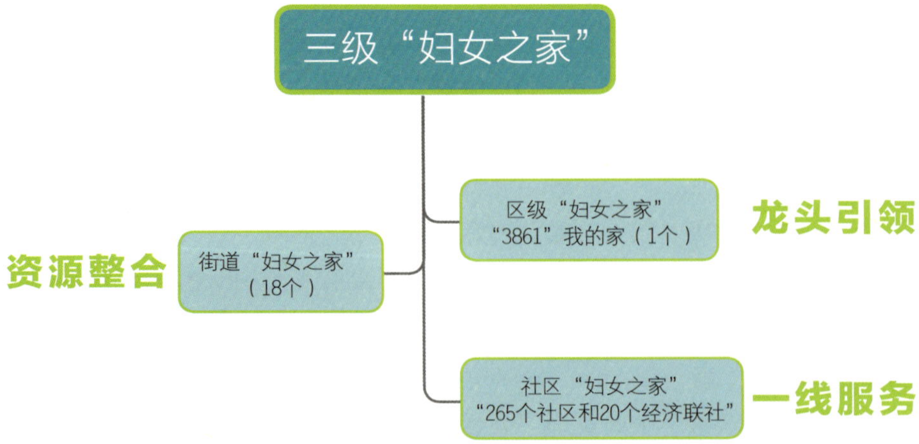

图3-1　三级“妇女之家”框架图

（三）为“妇女之家”运作筹集资源

三级“妇女之家”挂牌解决了阵地的“牌子”问题，然而要使阵地真正发挥出应有的凝聚妇女、服务妇女的作用，还必须要解决人、财、物等资源问题。海珠区妇联认识到街道一级“妇女之家”起着承上启下的作用，关键就是要把街道“妇女之家”服务平台打造好，为街道“妇女之家”运作筹集足够的资源：

一是提供经费保障。在区委、区政府的重视下，从2011年起，区财政专门拨付55万元工作经费落实基层妇联工作，有效解决了基层妇联“有钱办事”的问题，为基层妇女事业发展提供了强有力的物质保障。

二是安排独立场地。海珠区妇联与地区妇联积极与街道党工委、办事处沟通合作，共同协商街道“妇女之家”选址，并安排增配独立活动场室和硬件设施，解决了基层阵地“有地方干事”的问题，为基层妇女工作的开展提供了场地保障。

三是调优配强队伍。区妇联要求各街道专职副主席原则上由街道公务员或全额事业编制人员兼任，任职期间享受正科级领导职务工作性津贴。另外，区妇联着力培育妇女领袖，提高基层妇干和妇女骨干的组织能力和号召力，由区妇联主席亲自与街道党工委领导协商，吸纳街道辖内各界女性精英进入地区妇联妇委会。地区妇联的妇干队伍建立之后，区妇联采取百分考核、末位通报的方式对其进行管理，有效解决了基层妇联“有人干事”的问题，为开展各项妇女工作提供了智力支持。

（四）探索标准化建设，形成示范引领效应

在解决了“妇女之家”运作所需要的阵地、人、财等资源后，如何合理利用这些资源，使“妇女之家”真正充满活力、服务高效、受人欢迎，仍是一个亟须解决的问题。为了使“妇女之家”真正发挥阵地效果，海珠区妇联通过树立典型，探索标准化建设，以示范引领效应强化“妇女之家”建设实效。

首先，海珠区妇联精心培育全省首批“妇女之家”示范点——华洲街道龙潭社区“妇女之家”，将其制度标准、服务设计、档案材料等提炼成一套样

板，统一要求，统一规范，共享给全区各街道以做参考。

另外，海珠区妇联通过召开妇女之家建设工作经验交流会，组织各街道分管领导和妇干到区妇女儿童活动中心和示范妇女之家参观学习，相互交流经验，提升基层领导和妇干对妇女之家的认识。

经过改革第一阶段的实践，海珠区妇联有力回应了全国妇联关于建设村、社区妇女之家的顶层设计，而且结合海珠区实际情况先行先试，探索建立三级“妇女之家”，不仅解决了“妇女之家”挂牌的问题，还真正使“妇女之家”“活起来”发挥实效，切实加强了妇联基层组织阵地建设。另外，海珠区妇联在建设“妇女之家”的过程中还有效探索了妇联组织建设，吸纳街道辖内各界女性精英进入地区妇联妇委会，强化妇干队伍建设，有效解决了基层妇联“有人干事”的问题。在强化了妇联组织建设和工作阵地建设之后，海珠区妇联进一步探索参与社会治理创新，凝聚社会力量提升妇女服务水平，逐渐拉开了第二阶段改革的序幕。

二、第二阶段（2011—2015年）：引入项目化手法，提升妇女服务水平

2011年7月，全国妇联出台了《关于全面推进妇联组织参与社会管理创新工作的意见》，要求妇联在参与社会管理创新中进一步做好新形势下的妇女群众工作。2013年党的十八届三中全会提出要改进社会治理方式，强调激发社会组织活力，创新有效预防和化解社会矛盾体制。2014年，全国妇联第十一届三次常委会议提出要积极构建内外资源有效整合、各方力量联手推动的社会参与机制，从而更好地建设服务型基层妇联组织。

在经过第一阶段的改革之后，海珠区三级“妇女之家”阵地作用得到了加强，但在整合社会力量、提升服务专业性方面仍有所不足。在此背景下，为响

应党中央创新社会治理体制的要求和全国妇联全面推进妇联组织参与社会治理创新的工作部署，海珠区妇联于2011年开始，以“妇女儿童的需求，就是我们的追求”为原则，顺势而为、先行先试，运用新思维、新视角更新妇女工作理念，创造性地引入社会力量和专业社会工作方法开展妇女工作，进一步完善服务制度，实现了“妇女之家”服务的恒常化、社会化、项目化、标准化、规模化和品牌化。

（一）试点实施全市首个区级妇联购买项目

2012年，区党政领导加大对妇女工作的扶持力度，由区财政划拨250万元实施全市首个区级妇联购买社工服务项目——“3861我的家”。该项目由专业的社工服务机构承接，将传统的妇联工作与现代社会工作手法相结合，构建“妇干+社工+巾帼志愿者”的服务体系，为辖内妇女、儿童和家庭提供专业化、个性化、人本化的优质服务，探索发展出“党委统揽、政府支持、妇联主导、机构配合、专业化运作”的枢纽型妇联组织新模式，初步实现“社会组织机构有机融入妇联阵地，妇女工作呈现社会化专业服务新貌”的目标任务。此外，民办社工机构的引入使得“3861我的家”阵地有专职社工负责项目运营和服务提供，增强了一线服务力量，实现了服务的社会化、恒常化和项目化。

2012年，在“3861我的家”项目基础上，海珠区妇联针对婚姻家庭冲突中弱势妇女的权益保护需要，启动了“心·晴·暖万家”家事调解项目。该项目联合海珠区人民法院对典型家事案件的诉前、诉中、诉后介入调解，并引入社会工作、法律援助、心理疏导、链接社会资源等多元途径，做到“案结事了”，逐步探索出符合本土特色的家事调解方法。

（二）推动社会化项目的复制推广

2014年开始，海珠区妇联把项目化运作的模式从区级“3861我的家”项目复制推广到18个街道，引入多家民办社工机构承接服务，创新性地提出“区妇联总体部署、地区妇联自主运作、社会组织联盟服务、专家智库技术支持”的项目化运作模式，于2015年实现全区18个街道“一家一特色”的“妇女之家”

示范点全覆盖，有效增强了“妇女之家”项目的规模化效应。

在此阶段，海珠区妇联进一步明确了各街道妇联落实大局要求、对接群众需求、组织社会资源开展服务等具体要求，并通过项目设计、过程监管、项目评估等方式对妇女儿童的社会服务实现对“妇女之家”项目发展的主导，牢牢把握住了开展妇女儿童社会服务的政治性和先进性，其表现如下：

首先，海珠区妇联推动了“妇女之家”项目任务模块化。海珠区妇联从《中华全国妇女联合会章程》规定的任务出发，把妇联工作整合为性别平等建设、妇女保护、妇女能力建设、儿童保护、婚姻家庭建设五大板块，使以妇联理念为导向的服务任务成为项目设计的基础。

第二，海珠区妇联推动了“妇女之家”项目管理标准化。海珠区妇联依托高校专家力量，建立一套完善的“妇女之家”项目评估标准体系，把五大板块细化为四级指标，并依据相关指标在项目实施中期、末期对“妇女之家”进行评估。

第三，海珠区妇联推动了“妇女之家”项目运营品牌化。街道“妇女之家”按照“统一服务理念、统一工作标准、统一形象识别”的原则，由各街道（社区）结合实际在五大板块中自主设计项目开展特色服务，打造“一家一特色”的“妇女之家”服务品牌。

第四，海珠区妇联成立了“海珠区妇女儿童社会服务联盟”和“海珠区妇女儿童社会服务智库”，吸纳具备妇女儿童服务经验的社会工作、社会学、心理学、法学等各领域的专家参与到“妇女之家”的建设，为开展相关服务提供技术支持。

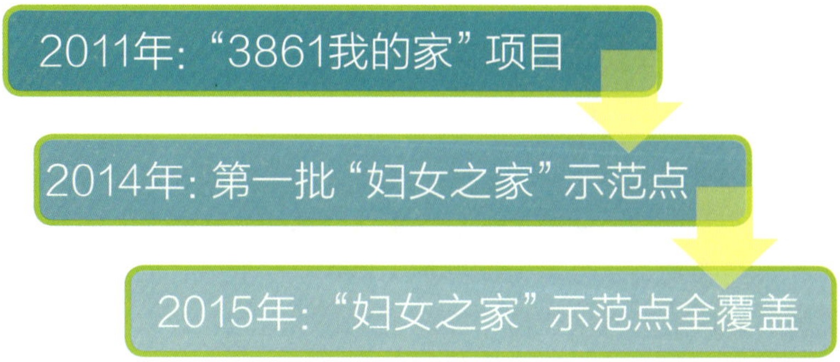

图3–2　以连锁经营理念打造“妇女之家”

（三）制定项目手册，探索以妇联为主导的合作模式

在全面推广街道“妇女之家”社会化、项目化运作后，为了保障服务质量和服务规范，海珠区妇联还制定了项目管理手册，在项目管理、项目管理方、项目管理制度培训宣讲、项目申报、项目评选、项目监管与评估等方面进行详细的规定，提升了“妇女之家”项目的标准化程度。

1.项目设计

“妇女之家”项目从前期的社区调研、需求筛选、初选服务领域，到项目遴选、项目合同拟定、承接机构的选定，都以自身实际和需求量身定制。此外，海珠区妇联虽然不对基层妇联的项目选择进行具体指定，但却通过出台《执行手册》，对服务领域进行了方向性的框定，要求地区妇联在框定的范围内自主确定项目。而具体的实施过程是由智库专家组织专项研讨，并根据《章程》的“性别平等建设、妇女保护、妇女能力建设、儿童保护、婚姻家庭建设”五大服务领域，要求街道妇联须从五大服务领域中选择项目方向。这一举措确保了妇联项目当中“妇”字灵魂贯穿始终。

2.过程监管

为了协助海珠区妇联和地区妇联了解社会工作服务机构落实项目要求的情况，及时纠正项目实施上的不足，海珠区妇联主要通过三项机制实现服务项目过程监管，一是地区妇联日常监察制度，二是区妇联过程评估制度，三是工作联席会议制度。地区妇联日常监察制度是指地区妇联作为项目实施单位，对服务承接方的项目运作进行日常的监察。地区妇联与项目承接方除了在项目需求评估、服务规划、资源协调与统筹上对接之外，还需要每两个月就项目运作开展服务监察。区妇联过程评估制度是指海珠区妇联通过委托第三方机构对项目进行过程评估，海珠区妇联率先引入国外先进的形成性评估理念，结合“妇女之家”建设创造了海珠区“妇女之家”社会服务评估CIPP评估体系[1]，该体系

[1] “C”代表背景评估（Context Evaluation），“I”代表输入评估（Input Evaluation），“P”代表过程评估（Process Evaluation），“P”代表成果评估（Product Evaluation）。

将评估内容划分为背景评估、输入评估、过程评估与成果评估，评估采取现场查看、查阅文献和座谈会等方式，了解项目运作情况并进行反馈指导。此外，海珠区妇联根据工作需要不定期召集妇女之家社工、机构负责人、智库专家、妇干开展工作联席会议，宣讲区妇联工作方向，对全区妇女工作进行总结与指导，及时调整工作内容。

3.项目评估

“3861我的家”及各街道“妇女之家”的项目评估是由海珠区妇联委托专业评估机构并联系专家组成项目评估组进行评估。海珠区“妇女之家”评估组成人员包括性别平等专家、项目运营专家、一线服务专家、财务管理专家，还特别邀请区财局、区民政局、区社工委等作为观察员、监督员，保证了评估的科学性、客观性与全面性。除了过程评估之外，项目集中评估主要分为两次，即半年为期的中期评估和一年为期的终期评估，终期评估通过后才能发放最后一期项目经费。另外，海珠区妇联注重运用评估结果促进项目提升，根据评估结果评选星级“妇女之家”并进行挂牌，还按照评估结果分等级划分下一年度各“妇女之家”的服务经费，从而起到更好的激励作用。

（四）搭建枢纽型妇联组织

在社会治理创新的背景下，海珠区妇联在改革第二阶段立足群团政治属性和社会属性的双重属性，初步形成相对成熟的项目运行机制，并探索以枢纽型妇联组织与社会组织合作模式，增强桥梁和纽带作用。

1.链接资源的中枢

一是海珠区妇联借助其组织身份与社工委、法院、公安、教育局、街道等部门进行联系协调，借助部门资源增强服务实效；二是通过基层网络和执委联系机制、妇女代表机制，与辖区内学校和医院等国家机关单位和事业单位，建立起合作关系；三是组建“海珠区妇女儿童服务联盟”，积极培育热衷妇女儿童事业、有妇女儿童与家庭专业服务经验和能力的社会组织，并由其承接“妇女之家”的服务运作；四是组建“海珠区妇女儿童服务专家智库”，吸纳社会工作、社会学、心理学、教育学、法学等专家加入，划分研究专家组、服务专家组、运营管理专家组，为妇女儿童服务提供专业支持，提升服务质量；最后，通过团体会员的力量，联动区女企业家协会和部分热心企业，拓展社会服务资源的筹集渠道，帮助弱势妇女儿童及家庭，推进“3861我的家”项目的运行和服务进程。

2.运行机制的中枢

“3861我的家”和街道“妇女之家”以社会化、项目化模式运作以来，海珠区妇联初步形成相对成熟的项目运行机制，形成了“区妇联总体部署、地区妇联自主运作、社会组织联盟服务、专家智库技术支持”的项目化运作模式。这一模式界定了参与社会购买服务各方的定位及作用，保证了项目运作的总体方向，并提出了各级妇联以及专业机构在运行中的关系定位。这一机制下，妇联主要发挥主导作用并居于中枢地位：对上，她是党委领导下的群众团体，承担党的使命并传达党的声音；同时，作为向政府申请资金的组织，区妇联承担着回应政府有关资金使用的责任和落实政府有关妇女儿童的福利政策和妇女工作要求的职责。对外，区妇联还是服务的购买方，起着党政的传声筒和回声器的作用，并必须肩负起整个项目的框架、方向、运行、监管的责任，同时必须具备联动社会组织联盟和专家智库的功能，处于中枢传输的位置。微观上，海珠区妇联还建立了具体细致的工作协调机制，框定了这一大框架下的具体运行细则，确保宏观的构思最终能在实处落地。

在改革第二阶段，海珠区妇联创造性地引入社会力量和社会工作专业方法，不仅实施了全市首个区妇联购买社工服务项目，更把项目化运作方法复制推广到所有街道“妇女之家”，逐渐建立起恒常化、社会化、项目化、标准化、规模化、品牌化的“妇女之家”项目格局。

经过了第二阶段改革，海珠区妇联有效增强了“妇女之家”的阵地作用，并且在全国妇联第十一届三次常委会议（2014年）提出建设服务型基层妇联组织前，已经开始探索构建内外资源有效整合、各方力量联手推动的妇女儿童服务机制。由此可见，海珠区妇联参与社会治理创新的实践走在了全国前列，不仅超前回应了相关顶层设计，更起到了基层妇联组织参与社会治理创新的示范引领作用。

三、第三阶段（2016年至今）：运用“互联网+”思维，打造“益家易”服务平台

经过了第二阶段的改革后，社会化、项目化的运作模式使海珠区妇联工作在新时期焕发了新活力，巩固了海珠区妇联工作的人、财、阵地等硬件基础，然而受资源、平台、时空界限等方面的限制，妇女儿童服务的对象基本上只能局限在某些特定人群，仍然存在受众面不广的问题。海珠区妇联以问题为导向，不断思考如何能够让妇女群众随时随地找到妇联、妇联又如何能够为妇女群众提供精准服务等问题。与此同时，全国妇联于2015年提出要引领广大妇女顺应“互联网+”的新趋势，并在2016年提出要加强妇联系统网络及新媒体建设，明确了探索“互联网+”妇女工作这一重要课题。

在此背景下，海珠区妇联以“为妇女儿童提供极致服务”为切入点，以“互联网+”思维为支撑，充分调动全社会的资源，打造妇女儿童服务资源需求交互的网上妇女之家“益家易”服务平台，以突破地域、时间、平台、资源的限制，更广泛地连接和服务妇女群众。目前，“益家易”服务平台不仅建立了包括管理机制、运作流程、线下体验在内的全套运营机制，并进行了系统迭代，开发出“益家易”服务平台2.0版本，打造了高度融合、精准服务、广泛覆盖的线上线下“妇女之家”，全面提升了“互联网+”妇女工作的水平。

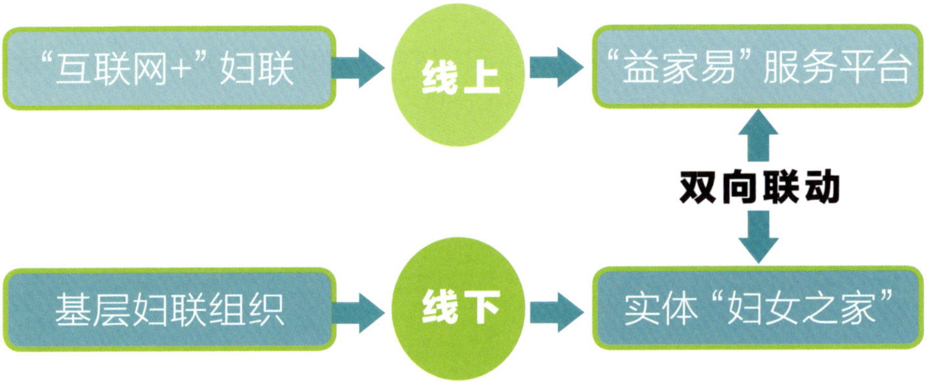

图3–3 "互联网+"妇联，线上线下高度融合

（一）"益家易"服务平台1.0版本

面对"互联网+"时代对妇联工作带来的挑战与机遇，2015年，海珠区妇联开始谋划运用"互联网+"思维打造网上妇女之家"益家易"服务平台。该平台自上线以来引起了社区群众的热烈反响，仅上线一个月就吸引了超过6000名"粉丝"。具体来说，"益家易"服务平台1.0版本具有以下三个特点：

一是连通线上、线下妇女之家，开创"两大阵地"新模式。"益家易"平台以区、街、社区三级"妇女之家"实体阵地为支撑，将性别平等建设、妇女保护、妇女能力建设、儿童保护、婚姻家庭建设五大工作板块延伸到线上，融合线上线下、有形无形两大阵地资源，打造资源需求交互平台，实现服务零距离对接。在"益家易"服务平台1.0版本中，各妇女之家服务已经能够通过线上平台进行预约和反馈，"益家易"服务平台使妇女之家真正成为没有围墙、不设门槛、不限时空的妇女群众的娘家，让妇女群众能够随时随地找到妇联。

二是连通工作网、联系网与服务网，构建"三网合一"新架构。海珠区妇联聘用专业团队负责"益家易"服务平台的维护与运营，打造大数据服务型平台，设置"密语屋、新鲜报、微互动、家宝典、他与她、签到处、放轻松、福利社"等九大功能板块，平台以醒目的头条、新颖的标题、时尚的语言、符合妇女需求的服务功能，实现与妇女群众更加广泛、直接的联系，更加充分地调动了妇女群众参与服务的积极性。例如，"益家易"服务平台启动的"童声童嬉”项目采取线上宣传、线下体验相结合的方式，在短短5天内实现线上投票阅读量达54，964人次，参与投票42，384人次，线下服务达5000多人次，达到了传统妇联工作难以达到的大范围覆盖效果。

三是连通服务群众最后一公里，实现妇儿服务零距离。通过“互联网+”，妇联工作不再受限于原有的组织架构，可以通过云端直接连接到全区80万妇女和家庭，最大化地实现覆盖。这深刻改变了妇联参与社会治理和服务的方式。例如，“益家易”服务平台推出的“她惠家”百日百书读书计划，打破时空限制，让家庭通过微信平台报名参与，每天进行阅读打卡，大大提高了参与活动家庭的覆盖面和便利度，更大程度地在全区更多的家庭中营造出亲子共读的良好氛围，以全民阅读习惯的养成带动良好家风建设、促进社会和谐。

“益家易”服务平台1.0版本的运作架构如图3-4所示，各“妇女之家”服务点在“益家易”平台提供线上服务并发布线下服务信息，以妇女、儿童、家庭为主的服务对象则能够接受“益家易”服务平台上的服务，在服务结束后对服务进行点评，形成相关的服务数据并录入妇女儿童社会服务数据库，海珠区妇女儿童社会服务智库能够运用服务数据进行研究并运用研究成果促进服务提升，海珠区妇联则能够通过分析数据从而分配服务资源，优化资源配置。

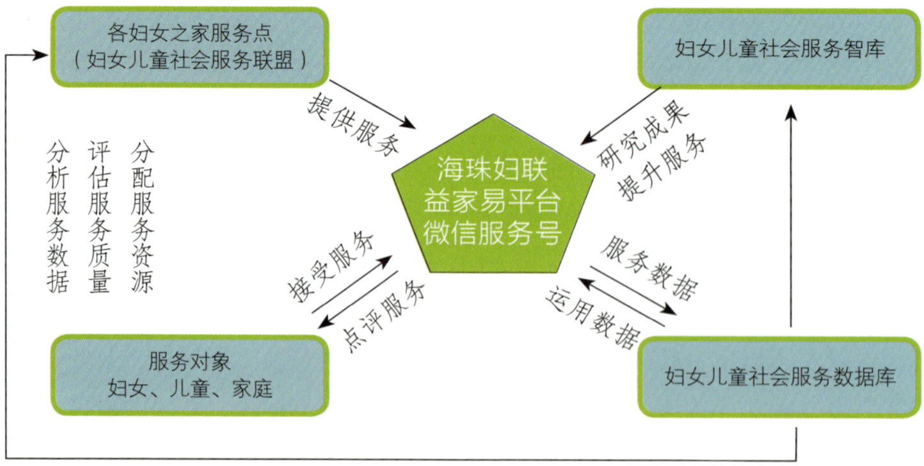

图3-4 “益家易”服务平台1.0版本运作架构

（二）“益家易”服务平台2.0版本

“益家易”服务平台1.0版本在连通线上线下妇女之家和打通服务群众最后一公里上取得了前所未有的突破，但仍然存在一些不足，包括：微信界面功能相对简单，技术开发、运营维护、线下联动的主体三家分离等。为了更充分地挖掘网上妇女之家平台功能，完善平台运营机制，打造更直观、更实用的用户体验，通过平台为妇女群众提供更专业、更优质、更贴心的精准服务，海珠区妇联于2017年实现了“益家易”服务平台的更新迭代，打造了“益家易”服务平台2.0版本，该版本具有以下五个特点：

一是简化平台功能框架，优化用户服务体验舒适度。“益家易”平台2.0版本以“产品规则越简单越好”为原则，重新梳理平台功能框架和各项设置。首先，2.0版本简化了平台注册程序，将1.0版本注册需要实名制并向用户手机发送验证码进行验证的繁琐方式调整为微信授权注册，节约了用户注册的时间成本和精力成本；其次，2.0版本简化了平台功能框架，将1.0版本的九大功能板块浓缩为“约服务、密语屋、福利社、开心聊、关于我、多关注”六大功能板块，突出功能的服务性、实用性和用户体验的简单化、易操作性；再次，2.0版本简化了线下工作流程，用户直接通过微信预约、扫码签到、线上点评，工作人员在后台一键式导出服务过程相关数据，减少了相关文书工作量。

二是新增平台服务端口，增强线上线下服务粘连度。“益家易”服务平台2.0在1.0版本设置C端（客户端）、H端（各级妇联端）的基础上，新增了B端（服务联盟端）。C端的服务需求，由H端来满足，让B端来参与，实现了妇联、服务对象及服务联盟三端之间的联动，促进了供需有效对接，构建起妇联、服务联盟、智库专家和群众“四位一体”新矩阵，多元主体通过平台实现共建共享共赢。除参与服务的各级妇联组织外，“益家易”服务平台2.0版本还吸纳专业社会服务机构、各领域专家学者、辖内外热心女企业家及慈善团体参与，全区80万妇女可与平台各参与主体实现无缝对接，有效拓宽了服务体量，使“益家易”服务平台成为服务资源集结中心。例如，昌岗街“绘画投射分析”课程在线上为3万余用户解答了关于儿童心理及家庭教育方面的困扰，让更多的家庭成员足不出户享受到便捷的家庭教育及儿童心理服务，用户在线上参与完服务后，又继续参与线下的家庭教育相关课程，实现线上线下无限量、闭合式服务循环，使“益家易”平台真正成为线上线下契合度高、粘连度高的一体化、综合型服务平台。

三是明确数据采集标准，提升数据分析服务精准度。为统一线上线下工作数据标准，海珠区妇联借助智库专家资源，联动平台IT技术团队，对平台2.0版本开展“妇联一站通”大数据平台数据采集定标研究，采用大数据理念与方法对妇联服务工作的数据进行收集与分析，为妇联工作有效开展提供数据支撑。“益家易”服务平台2.0版本能够引导妇女群众通过平台对服务进行评价反馈，智库专家根据后台形成的数据库，动态监测、精准分析用户服务需求和服务状况，动态调整资源投放力度，实现妇联服务的精细划分、定向推送，确保各妇女之家服务资源投放的科学性和合理性，实现妇女儿童的精准服务。此外，大数据为智库专家提供了丰富的研究素材，促进了理论和实践的交互转换和服务的迭代发展，有助于打磨出妇女儿童“极致服务”并能通过妇女儿童体验服务形成的口碑树立服务品牌。例如，“密语屋”功能板块能够通过大数据的分析与运用实现预警维权，及时将家事矛盾纠纷消灭在萌芽状态，遏制重大恶性事件发展的苗头，将对妇女儿童的伤害降到最低。

四是打破行政壁垒，构建扁平化组织模式。传统妇联工作落脚点集中在各级妇联组织，工作的主要形式是依靠层级传播。而“互联网+”思维下的“益家易”服务平台2.0打破了原有的行政化垂直型组织架构，构建起扁平化的组织模式，让平台上各方直接可视、相互可联，为供需对接和开放协作提供助推，有效节省了信息流通的环节和成本，延伸服务边界。在“益家易”服务平台的协助下，妇联工作不再受限于妇联的组织架构，可以通过云端直接连接到海珠区70万妇女及其家庭，深刻改变了妇联参与社会治理和服务的方式，减少了传递层级，传送模式从点线传送变为多点传送，极大地减少留白，最大化地实现覆盖，实现了妇联组织与妇女群众的随时随地沟通。

五是建立话题集结平台，引导妇女群众建立自主社区。“一家一特色”的各街道“妇女之家”为“益家易”服务平台提供了坚实的线下服务基础，服务对象可通过“益家易”平台不受地域限制地根据自身需求选择相应“妇女之家”的服务，而各类服务内容会促进不同的话题群组产生，具有相似服务需求的妇女能够借助“益家易”服务平台2.0版本的“开心聊”功能形成虚拟社区，并在其中进行互动交流、自我管理和自我服务。例如，南石头街“妇女之家”以特殊儿童家庭支持为服务特色，它能通过“益家易”服务平台为特殊儿童及其家长提供服务和相关资讯，这些家长能够通过交流治疗资讯、照顾技能等建立起一个话题群组，形成该“妇女之家”的服务口碑，并在全社会特殊儿童家长中广泛传播，吸引更多有相同需求的人群前来接受服务，扩大服务的有效覆盖面。在“益家易”服务平台中，妇女既是服务的受益者，也是服务的提供者、参与者，更是服务口碑的传播者。

另外，相比“益家易”服务平台1.0版本， 2.0版本重新梳理构建了前端运作架构和后端运作架构，其中，前端运作架构如图3-5所示，主要包括8个流程步骤：①C端用户（妇女儿童群体）进入“益家易”服务平台页面；② C端用户在平台页面上进行操作，如预约服务、获取线上服务、了解服务资讯等；③“益家易”服务平台将C端用户发出的服务指令发送给H端用户（各级妇联组织）及B端用户（服务联盟成员）；④H端和B端用户达到服务场景，为C端用户提供服务，

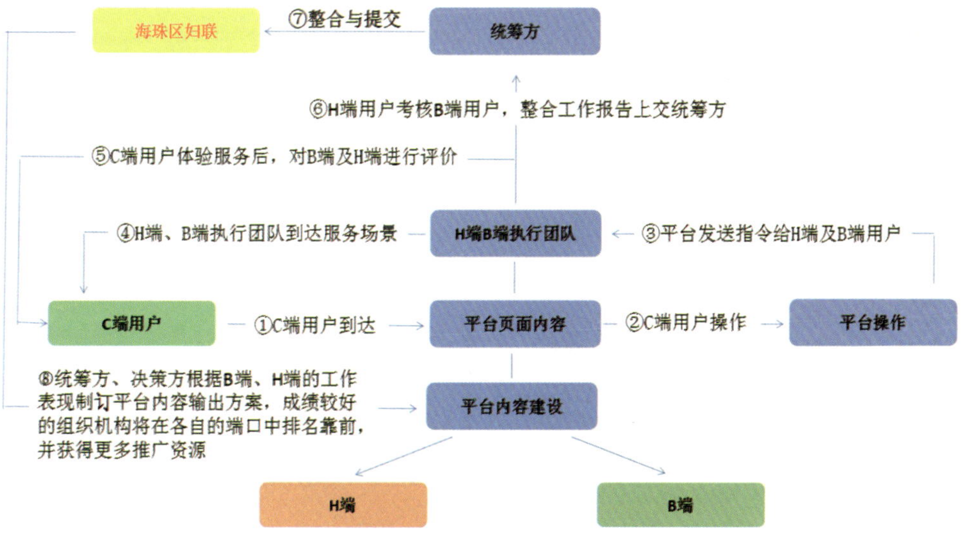

图3-5 “益家易”服务平台2.0的前端运作架构

如项目社工在“妇女之家”站点为C端用户开展服务活动等；⑤C端用户体验服务之后，在“益家易”服务平台上对B端及H端用户的服务进行评价；⑥H端用户根据服务评价考核B端用户，并将工作报告上交给作为统筹方的互联网科技公司；⑦统筹方将各个H端用户的工作报告进行整合，并提交给海珠区妇联；⑧海珠区妇联根据B端和H端的工作表现调整服务计划和资源配置，表现更优秀的组织机构将在各自的端口排名更加靠前，从而获得更多的推广资源。

“益家易”服务平台2.0版本的后端运作架构则如图3-6所示，其中，一级普通用户主要为妇女儿童服务对象群体，他们通过手机端口可以获取“益家易”服务平台的服务和资讯；二级合作用户则包括H端用户和B端用户，他们通过账户密码能够登录相应的二级合作用户端口，并通过端口界面实现一系列功能，如发布服务、接受点评等；三级运营管理用户则主要包括作为决策方的海珠区妇联和作为统筹方的互联网科技公司，其主要负责“益家易”服务平台的管理工作，共同拥有平台使用的最高权限，决策方定期向统筹方发出工作指令，如主题方向、重要政策出台、月度目标等。

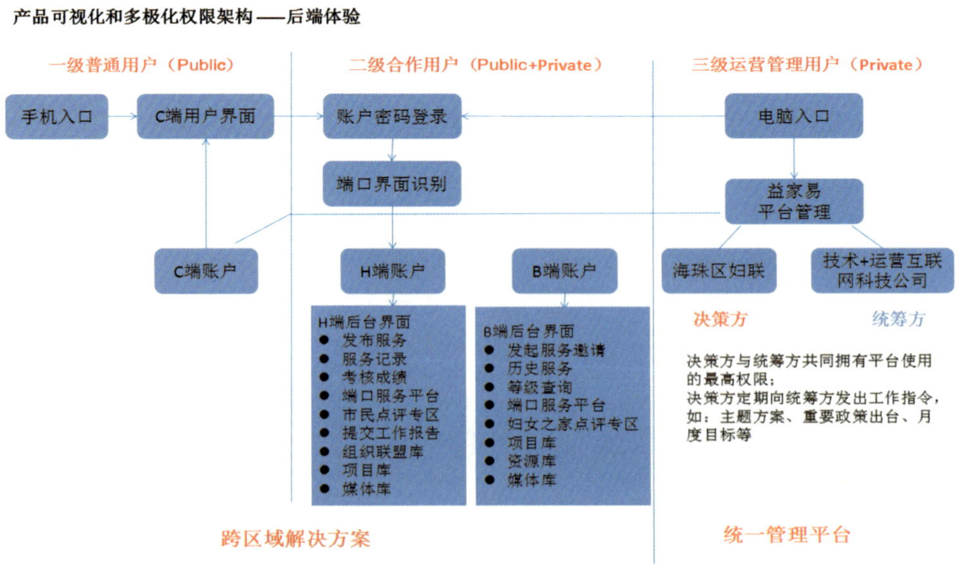

图3-6 “益家易”服务平台2.0的后端运作架构

在改革第三阶段，海珠区妇联重点探索了运用“互联网+”思维开展妇女工作，开发出掌上“妇女之家”“益家易”服务平台并进行了升级迭代，相关成果得到了社会各界的肯定，《海珠区妇联“益家易”掌上“妇女之家”实现社会服务零距离对接》也被中国妇女报社评为“2016年度妇女工作优秀创新案例”。面对“互联网+”发展趋势，海珠区妇联用创新性的实践回应了全国妇联关于加强妇联系统网络及新媒体建设的指导意见，基本实现了实体妇女之家和网上妇女之家两条战线广泛覆盖、有效凝聚、联动交融的工作格局。

四、小结

在每个改革阶段，海珠区妇联总是能够以履行妇联使命与职能为根本，以问题为导向，紧跟全国妇联的顶层设计进行基层改革探索，而在正确改革思路的引导下，海珠区妇联部分改革实践甚至走在了顶层设计前面。

在改革第一阶段，为解决妇联基层组织阵地建设的问题，海珠区妇联在落实全国妇联关于建设村、社区妇女之家的意见之余，还多迈一步、先行先试，探索构建区、街道、社区三级“妇女之家”——区级妇女之家龙头引领、街道妇女之家整合资源、社区妇女之家实施一线服务，破解了“挂牌容易经营难”的问题，后又通过整合资源解决“妇女之家”运作所需的人、财、物问题，通过标准化建设增强“妇女之家”工作实效。此外，海珠区妇联在此阶段还加强了妇联组织建设，全面把街道妇联改建为地区妇联，把居委会妇代会改建为社区妇代会，通过吸纳街道辖内各界女性精英进入地区妇联妇委会，强化妇干队伍建设，有效解决了基层妇联“有人干事”的问题。由此可见，海珠区妇联在第一阶段的改革实践有力回应了党中央和全国妇联关于加强妇联组织建设、构建多元立体开放的妇联组织架构、拓展妇女之家的改革要点。

在改革第二阶段，为解决“妇女之家”社会力量整合不足、服务专业性有待提升的问题，更好地探索参与社会治理创新，海珠区妇联打破原有工作模式，创造性地引入社会力量和专业社会工作方法开展妇女工作，有效地整合了社会资源，实现了妇女工作的社会化和项目化运作，并将项目化运作的模式从区一级的一个项目复制推广到18个街道，从一家机构承接到引入众多机构承接，并建立“海珠区妇女儿童服务联盟”和“海珠区妇女儿童服务专家智库”，搭建起枢纽型妇联组织。不仅如此，为了构建以妇联为主导的合作模式，保障项目服务质量和服务规范，海珠区妇联制定了项目管理手册，在项目管理、项目申报、项目评选、项目监管与评估等方面进行了详细的规定。在此阶段，海珠区妇联实现了“妇女之家”的恒常化、社会化、项目化、标准化、规模化和品牌化建设。值得注意的是，海珠区妇联从2012年就开始探索引入社会力量探索项目化运作模式，而全国妇联于2014年才明确提出要“构建内外资源有效整合、各方力量联手推动的社会参与机制”，可见海珠区妇联在建设服务型基层妇联组织、参与社会治理创新方面走在了全国前列。海珠区这一阶段的改革实践有力回应了关于拓展“妇女之家”、凝聚社会力量服务妇女群众的改革要点。

在第三阶段，为打破妇联工作的时间、地域、资源、平台限制，顺应“互联网+”发展趋势，2016年海珠区妇联以“互联网+”思维为支撑，充分调动全社会的资源，打造妇女儿童服务资源需求交互的网上“妇女之家”“益家易”服务平台，并在2017年完成了平台的升级迭代，实现线上、线下“妇女之家”两大阵地广泛覆盖、有效凝聚，打通了服务群众“最后一公里”，构建起妇联、服务联盟、服务对象的线上联动机制，探索了运用大数据提升妇联服务水平，促进构建扁平化组织模式，推动形成妇女群众互动交流、自我管理、自我服务的虚拟社区。可以说，“互联网+”思维的运用以及“益家易”服务平台的使用全面革新了基层妇联工作模式，海珠区妇联用极具价值的探索回应了全国妇联关于加强网络及新媒体建设的改革要点，丰富了“互联网+妇联工作”的内涵。

海珠区妇联在各阶段的改革实践要点如图3-7所示。

图3-7 海珠区妇联各阶段改革实践要点

图3-8展示了历年来全国妇联关于妇联改革的顶层设计以及海珠区妇联的改革实践，从中可以发现海珠区妇联总能够及时回应改革顶层设计，进一步丰富改革内涵，甚至在顶层设计出台前实现超前部署。

在及时回应顶层设计方面，全国妇联于2010年10月提出要依托村级组织和社区活动场所建设“妇女之家”，海珠区妇联于2010年11月就率先挂牌成立了广州市首个社区“妇女之家”；全国妇联于2016年提出要加强妇联系统网络及新媒体建设，海珠区妇联于同年便打造了网上妇女之家“益家易”服务平台，并在次年完成升级迭代，迅速回应了建设“互联网+妇女工作”这一重要课题。

在进一步丰富改革内涵方面，2010年出台的《全国妇联关于在党群共建创新争优活动中建设村、社区妇女之家的意见》只提出建设村、社区一级的“妇女之家”，而海珠区妇联于2011年创造性地成立了区、街道、社区三级“妇女之家”，实现了全区18个街道、265个社区和20个经济联社“妇女之家”全覆盖；另外，海珠区妇联于2012年开始探索引入专业社会工作建设“妇女之家”，构建以妇联为主导的合作机制，进一步增强了“妇女之家”的服务功能和阵地作用。

在实现超前部署方面，全国妇联于2016年提出要推进乡镇妇联组织区域化建设，带动基层组织建设改革创新，而海珠区妇联于2002年创造性地改革了街道妇联建制，把街道妇联改建为地区妇联，把居委会妇代会改建为社区妇代会，有效加强了基层妇联组织建设；另外，全国妇联于2014年提出要构建内外资源有效整合、各方力量联手推动的社会参与机制，而海珠区妇联于2012年便开始探索引入社会力量，实施了广州市首个区级妇联购买社工服务项目“3861我的家”，并于2015年实现全区18个街道社会化、项目化运作的“妇女之家”示范点全覆盖，建立了“海珠区妇女儿童服务联盟”和“海珠区妇女儿童服务专家智库”，搭建起多方联手的社会参与机制。

海珠区妇联通过一次次工作改革实践把全国妇联的顶层设计落到实处，逐渐形成了“区妇联总体部署、地区妇联自主运作、社会组织联盟服务、专家智库技术支持、互联网平台联动互通”的妇联工作新模式。

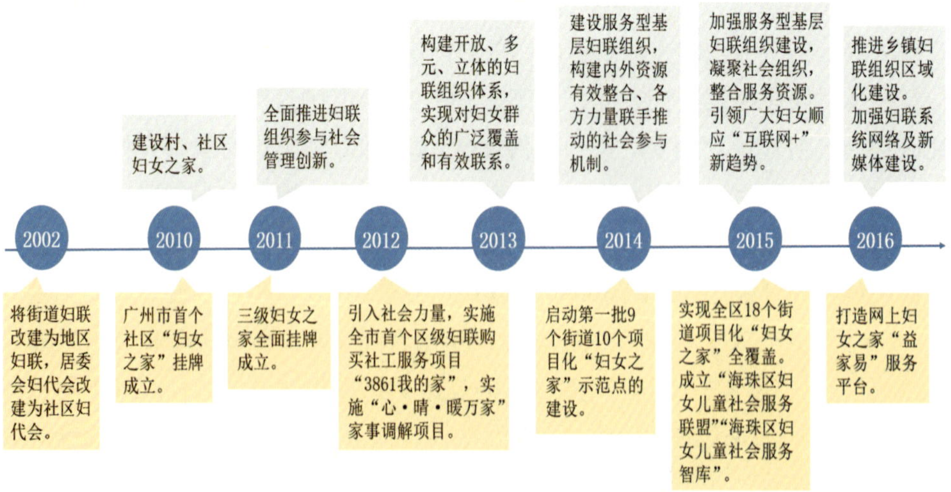

图3–8　全国妇联顶层设计与海珠区妇联改革实践

PART 4

“海珠模式”的特点

本书第三章回顾了海珠区妇联的工作改革历程，在顶层设计的指导下，海珠区妇联近年来不断突破创新，实现了三个改革阶段的飞跃，逐渐形成了“区妇联总体部署、地区妇联自主运作、社会组织联盟服务、专家智库技术支持、‘益家易’联动互通”的妇联工作“海珠模式”。本章将结合调研所得数据资料进行分析，详细阐述“海珠模式”的五大特点。

一、区妇联总体部署，引领项目有序发展

海珠区妇联经过前期调查、实地考察和座谈研讨，起草并通过了《海珠区“妇女之家”示范点建设工作意见》，对基层妇女之家示范点建设的目标、思路、内容、运作模式与考核方法等进行了总体部署，从而引领妇女之家项目有序发展。具体来说，海珠区妇联发挥的总体部署作用体现在阵地建设、资源汇聚、服务引导、人心凝聚等方面。

（一）阵地建设

自2010年全国妇联出台《关于在党群共建创先争优活动中建设村、社区妇女之家的意见》以来，海珠区妇联不断探索创新，加强“妇女之家”阵地的打造，先是2010年率先成立广州市第一个社区“妇女之家”，后又于2011年创造性建立了区、街道、社区“三级妇女之家”，实现了全区18个街道、265个社区和20个经济联社全面有效覆盖。

为了更好地建设“妇女之家”阵地，增强服务功能，海珠区妇联于2012年创造性地引入社会组织和专业社会工作推动区级妇女之家的社会化、项目化运作，实施了广州市第一个区级妇联购买社工服务项目“3861我的家”。调研数据显示，区级“3861我的家”于2015—2016年度共开展175个个案服务、32个小组服务和46个社区活动；于2016—2017年度共开展285个个案服务、37个小组服务和40个社区活动，为辖区内的妇女儿童群众提供了丰富多样的服务。

区级“3861我的家”项目实施取得成功后，海珠区妇联于2014年开启街道“妇女之家”示范点建设，将社会化、项目化的运作模式进行推广复制，并于2015年覆盖了区级“妇女之家”和18个街道“妇女之家”。

海珠区妇联对“妇女之家”阵地的建设，不仅体现在“建家”数量方面，还体现在“质”方面，注重打造“妇女之家”的服务品牌，提升“妇女之家”的社会认知度。为了进一步提升海珠区“妇女之家”的品牌效应，海珠区妇联按照“三个统一”的原则对“妇女之家”阵地进行打造：

第一是“统一形象识别”。海珠区妇联规定各“妇女之家”必须放置“妇女之家”标识（如图4-1所示），项目宣传资料亦须带有“妇女之家”的标识和字样，项目社工开展服务时须穿着带有“妇女之家”标识的工装。此外，海珠区妇联还立足儿童视角，结合海珠元素，设计了“儿童之家”吉祥物“海海”与“珠珠”（如图4-2所示），以充满童趣的卡通形象营造了温馨的服务氛围。“妇女之家”通过统一并突出形象识别，更鲜明地让妇女群众知道如何寻求妇联的服务，更真切地让她们感受到妇联“娘家”提供的温暖和关怀，从而提升了“妇女之家”的品牌效应。

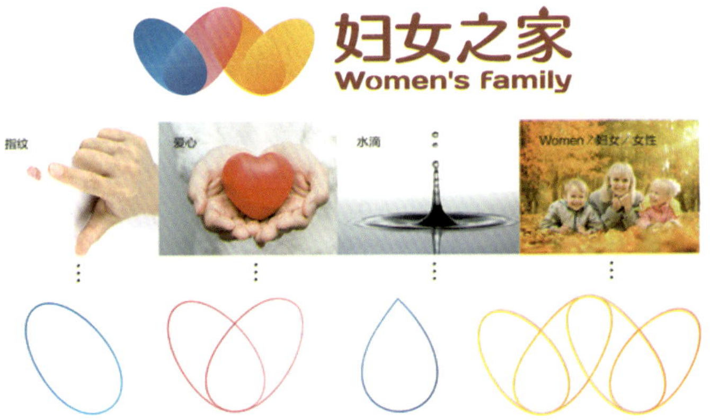

妇女之家图形标以“W”为创意原点，拥有众多符合妇女之家的特性与含义。像women、wish、wonderful等，给人以温暖、力量并充满希望。运用不同色彩的自然渐变并在造型上叠加产生水滴、爱心等多种元素，整个标识简洁明快，积极向上，具有很强的视觉冲击力，易于识别，内涵丰富。标志含义解析如下：

1.行业属性：标识视觉上主要由字母“W”构成，符合妇女之家无私帮助，关爱女性儿童，为妇女儿童服务的行业属性和行业特征。

2.区域特征：标识中的水滴元素，与海珠区的地区特征契合。

3.文化符号：标识中指纹代表承诺、可靠、独一无二，爱心代表关爱、温暖。标识中的水滴状，代表纯洁和包容，家则代表妇女之家希望居民能更主动地找到组织和家的感觉，体现家的温馨及归属感。

图4-1 海珠区“妇女之家”标识及设计理念

图4-2 海珠区“妇女之家”吉祥物“海海”和“珠珠”

第二是“统一服务理念”。“妇女之家”作为妇联组织凝聚妇联、服务妇女的重要阵地，海珠区妇联要求其服务必须紧扣和体现妇联“代表和维护妇女权益，促进男女平等”的使命。在妇联使命的指导下，海珠区妇联将海珠区“妇女之家”的核心目标设定为“内在和谐、两性和谐、人际和谐、社会和谐”，将核心价值确定为“平等发展，极致服务”。

第三是“统一工作标准”，包括统一“妇女之家”的服务板块和评估体系。海珠区妇联对从《中华全国妇女联合会章程》任务出发，把“妇女之家”的服务整合为性别平等建设、妇女保护、妇女能力建设、儿童保护、婚姻家庭建设五大板块。根据这五大板块，海珠区妇联对各街道“妇女之家”项目的服务板块进行方向性的框定，要求各街道和承接项目的民办社工结构须结合辖区实际情况在五大板块中自主设计项目内容，开展特色服务，打造“一家一特色”的服务品牌。除了统一服务内容外，海珠区妇联还引入形成性评估理念制定CIPP评估体系，以统一的评估标准对各“妇女之家”项目进行评估，促进了服务标准化建设并达到以评促建的效果。

在“妇女之家”项目的五大服务板块当中，“性别平等建设”板块的服务内容包括针对家庭、工作单位、社区和公共领域内性别平等议题开展工作，促进妇女在政治、经济、文化、社会以及家庭生活等方面享有同男子平等权益，承担同等义务等；“妇女保护”板块的服务内容包括通过促进妇女支持系统的构建，开展妇女权益保障，从而维护妇女在人身、心理、家庭财产等家庭生活以及社会生活领域的权益，鼓励妇女自尊、自信、自立、自强，维护自身合法权益等；“妇女能力建设”板块的服务内容包括回应辖区内妇女需要，协助辖区妇女发展各种方面的能力，促进妇女能力素质和社会地位的提高，进而实现妇女群体的发展，体现其社会价值等；“儿童保护”板块的服务内容包括回应辖区儿童的需求，开展儿童保护和儿童发展服务，消除儿童成长中的各种不利因素，为儿童成长营造良好安全的环境，让儿童的各种能力、心理素质等得到锻炼和培养等；“婚姻家庭建设”板块的服务内容包括营造和谐的家庭文化，围绕合理与有效处理婚姻家庭关系，构建和谐婚姻家庭生活，结合本土需求，开展婚姻家庭建设领域的服务等。

如表4-1所示，海珠区“3861我的家”及各街道“妇女之家”开展了丰富

表4-1 2016—2017年度海珠区社会化、项目化运作“妇女之家”名单

主要服务板块	服务范围	项目名称
性别平等、妇女保护、儿童保护、妇女能力建设、婚姻家庭	全区	“3861我的家”
妇女保护	滨江街	“巾帼有能，姐妹同行”社会助力困境妇女发展计划
	龙凤街	“自强成就美丽”家庭关爱项目
	江南中街	心灵驿站项目
	官洲街	“阳光妈妈”妇女发展计划
儿童保护	南华西街	“同心护童”儿童保护计划
	南石头街	“星乐援”自闭症儿童父母支持计划
	江海街	童学童成长项目
	赤岗街	七所社区儿童成长关护计划
	瑞宝街	“乐智天地”早期教育体验中心
妇女能力建设	华洲街	龙潭村“新凤坊”妇女能力建设项目；小洲村“织锦绣坊”妇女手工就业项目
	素社街	“妈妈的成长港湾”妇女发展计划
	凤阳街	“同筑健康，共享城市”凤阳街道女性环卫工人自我健康管理能力提升
	沙园街	宝妈加油站——年轻妈妈育儿支持中心
	南洲街	“新广妈妈帮”外来妇女支持计划
婚姻家庭	昌岗街	“爱·回家”——新时代家庭教育项目
	新港街	幸福暖阳计划
	海幢街	“舒心相融”女性残疾人及其家庭照顾者支持计划
	琶洲街	“爱在琶洲”幸福女性项目

多样的特色服务项目，服务内容涵盖五大板块，形成了“一家一特色”的服务格局。

此外，海珠区妇联还主持开展了“妇女之家”的整体需求评估、服务规划、服务评估和机构引进等工作，从而参与并主导了“妇女之家”项目的建设，保证“妇女之家”项目真正落实妇联理念，引导项目有序发展。海珠区妇联对“妇女之家”项目的管理流程如图4-3所示。

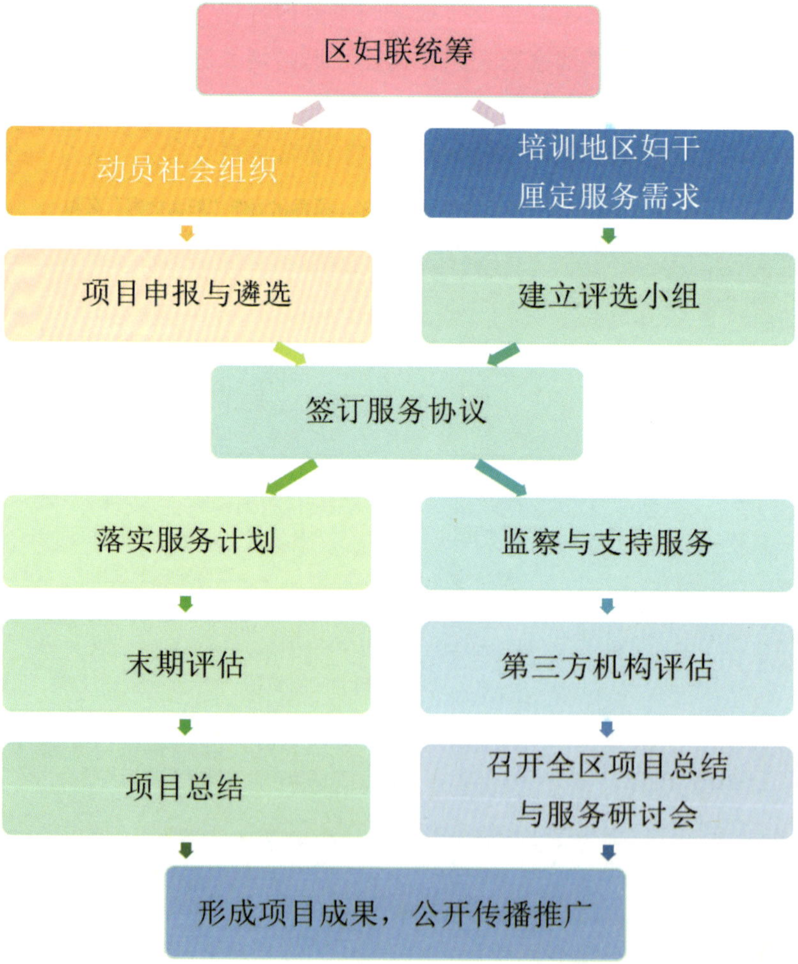

图4-3　海珠区妇联对“妇女之家”的管理流程

值得注意的是，相比其他政府购买服务项目，海珠区妇联对“妇女之家”阵地的建设参与度非常高，发挥的总体部署作用更强，接受访谈的“妇女之家”社工（受访者S01-01）如此评价海珠区妇联的参与：

“在其他政府购买社工服务项目里面，其实购买方的参与是少很多的，一般是由社工自主去设计服务，社工机构在服务领域里面的想法会强一些。但是在海珠区妇联的项目里面，其实妇联很清晰自己的定位，妇联在（项目）发展定位方面的参与是强很多的。妇联在整个项目规划的主导作用是很明显的，我们刚开始接手项目时也有走偏，但妇联会在沟通过程中很清晰地告诉你项目需要做什么，在方向引领方面会主导。另外，在项目里，大家的关系真的是伙伴关系，大家会一起商量项目如何发展，但其他政府购买社工服务项目在这方面会比较少，通常是由机构提出，街道同意后就可以开展。例如，在项目设计思路方面，其实妇联是有自己的设计思路的，我们机构是参与到过程里，促使这个事情落地实现，这是一个合作的过程。妇联有宏观的设计，但在中观层面上如何实现就要靠执行机构去执行。但其他政府购买社工服务项目主要是由机构自己去设计和实施。”（受访者S01-01）

由此可见，海珠区妇联高度参与“妇女之家”工作阵地的建设，发挥了重要的主导作用，实现了海珠区“3861我的家”和18个街道“妇女之家”的社会化、项目化运作，设置了性别平等建设、妇女保护、妇女能力建设、儿童保护、婚姻家庭建设五大板块服务内容，推动形成了“一家一特色”的服务格局，更有力地将海珠区“妇女之家”建设成妇联组织凝聚妇女、服务妇女的重要阵地。

（二）资源汇聚

海珠区妇联作为“总体部署”的角色，积极搭建聚资平台，用好妇联自身资源，善用政府资源，并探索用活社会资源，为“妇女之家”和各项妇女工作提供充足的经费及其他资源支持。

1.用好妇联自身资源

在用好妇联自身资源方面，海珠区妇联首先发挥区、街道、社区三级妇联组织的优势，利用妇联与妇女群众的天然联系，帮助承接各街道“妇女之家”和“3861我的家”的民办社工机构熟悉社区内妇女儿童的情况，协助社工与妇女儿童群众建立信任关系，引导社工与街道办、居委会工作人员进行联系与合作，并在举办大型活动时帮助协调活动场地，为社工顺利开展妇女儿童服务提供了极大的支持。

此外，海珠区妇联还统筹使用妇联工作经费，将有限的经费发挥更大的作用。海珠区妇联的工作经费标准为“5+2”模式，即镇（街）妇联工作经费，由各区（县级市）财政向每个镇（街）妇联统一拨付原则上每年不少于5万元的工作经费；村（社区）妇代会工作经费，按照每位妇女（按常住人口计）不少于2元钱标准。海珠区妇联用人均2元的人头经费集中打造“妇女之家”示范点，在保障基本运作经费的基础上，加强各“妇女之家”的阵地建设，全面实现妇联工作重心下移，为妇女儿童提供更加及时有效的优质服务，以资源推动形成“妇女之家”品牌效应，以品牌效应汇聚更多资源。

海珠区妇联于2013年开始推动街道“妇女之家”社会化、项目化运作，使用“5+2”的工作经费，投入35万元建设“妇女之家”示范点，并于2014年将经费提升至188万元，2015年为173万元，2016年达到338万元，2017年截至8月已投入174万元。

海珠区妇联统筹使用人均2元的人头经费，成功打造了覆盖各街道的“妇女之家”项目，并利用三级妇联组织架构及其与妇女儿童群体的天然联系，帮助“妇女之家”社工开展妇女儿童服务，体现了海珠区妇联在用好妇联自身资源方面的优势。

2.善用政府资源

海珠区妇联善用政府资源主要体现在善用政府财政资源和注重加强部门合作方面。海珠区妇联于2011年获得区委、区政府55万元财政经费支持，设立“心·晴·暖万家”婚姻综合服务项目，并于2012年再次获得55万元经费支持该项目于2013年与“3861我的家”项目合并。海珠区妇联于2012年获得区委、区政府150万元财政经费支持，设立了“3861我的家”项目，该项目于2013年与原“心·晴·暖万家”婚姻综合服务项目合并，经费投入也增长为210万元。

由于“3861我的家”项目起到了很好的服务效果和社会影响力，并获得区委、区政府的高度评价，因此区委、区政府决定继续支持海珠区妇联将“3861我的家”项目发展下去，并增加了经费投入。该项目的经费投入在2014—2016年间达到每年300万元的水平，2017年截至8月已投入240万元。

此外，海珠区妇联于2015年开始探索建设掌上“妇女之家”“益家易”服务平台，2016年“益家易”服务平台成功上线，2017年对“益家易”服务平台进行更新迭代，截至目前，已投入经费212万元对平台进行建设、更新和日常管理。

值得注意的是：正是由于海珠区妇联主动作为、敢想敢试并能做出令人满意的成绩，才争取到区委、区政府的支持。图4-4显示了海珠区妇联历年来对各大项目的经费投入金额，其中街道“妇女之家”的经费来自海珠区妇联的“5+2”工作经费，其余项目的经费则来自于区级财政支持。

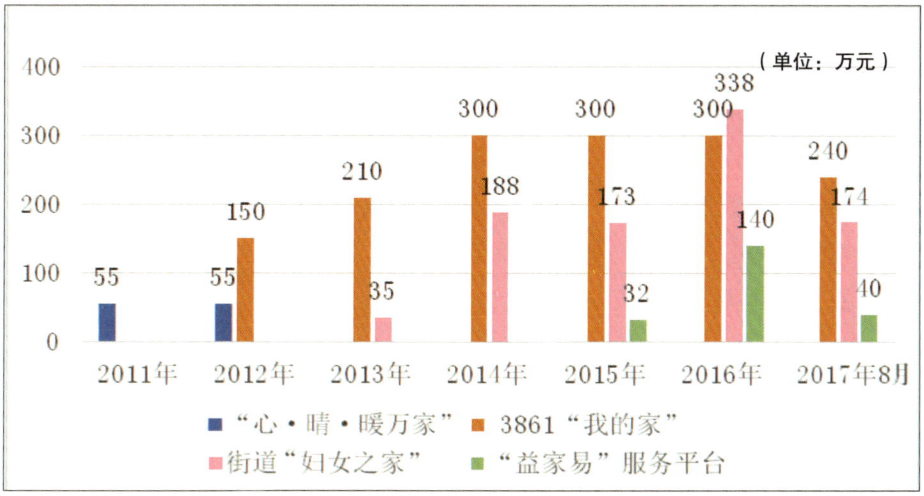

图4-4 海珠区妇联主要项目历年经费投入金额

此外，海珠区妇联还注重加强部门合作，善于发现与各职能部门工作内容的结合点，用精心搭建的工作平台主动吸引相对应的职能部门参与到妇女儿童事业中来，加强横向沟通与合作，提高工作实效。

具体来说，海珠区妇联与海珠区人民法院合作成立“心·晴·暖万家”家事调解中心，解决典型家事纠纷案件；在海珠区创建平安工作领导小组办公室的支持下启动了“家和万事兴”妇女家庭保护项目，提供预防家庭暴力等服务；协同海珠区精神文明建设指导委员会办公室，推进江南中街“心灵驿站”、昌岗街“爱·回家”等社区家长学校示范点建设工作；联动海珠区来穗人员服务管理局开展儿童安全护航——河涌志愿巡查活动等。

这些工作都是由相关职能部门提供经费，将他们的要求与妇联的工作有机融入“妇女之家”的平台来开展，既满足了各职能部门开展工作的实际需要，也为妇联工作注入了更多新的力量与资源，实现了双方共赢。

3.用活社会资源

海珠区妇联积极调动社会组织及企业的资源，根据不同组织的特点，以项目合作的方式使社会组织及企业的资源有效投放到“妇女之家”的运作当中，而海珠区妇联亦要求承接“妇女之家”的民办社工机构须自行链接5%—20%不等的社会资源。

如图4-5所示，2015—2016年度共有14个街道“妇女之家”提供了有效的经费收入数据，这14个“妇女之家”的自筹经费总额为52.51万元，平均每个“妇女之家”能够自筹3.75万元，占项目总经费的29.70%；2016—2017年度共有8个街道“妇女之家”提供了经费收入数据，这8个“妇女之家”的自筹经费总额为49.38万元，项目总经费为148.38万元，平均每个“妇女之家”自筹6.17万元，占项目总经费的33.28%。可见在区妇联的引导下，街道“妇女之家”的自筹经费能占到项目总经费的约30%超过了海珠区妇联的要求，体现了突出的社会资源链接能力。

举例来说，海珠区女企业家协会捐助建设了“盼盼小天地”儿童绘本角，使其成为南华西街儿童之家的亮点特色；“3861我的家”项目在推进过

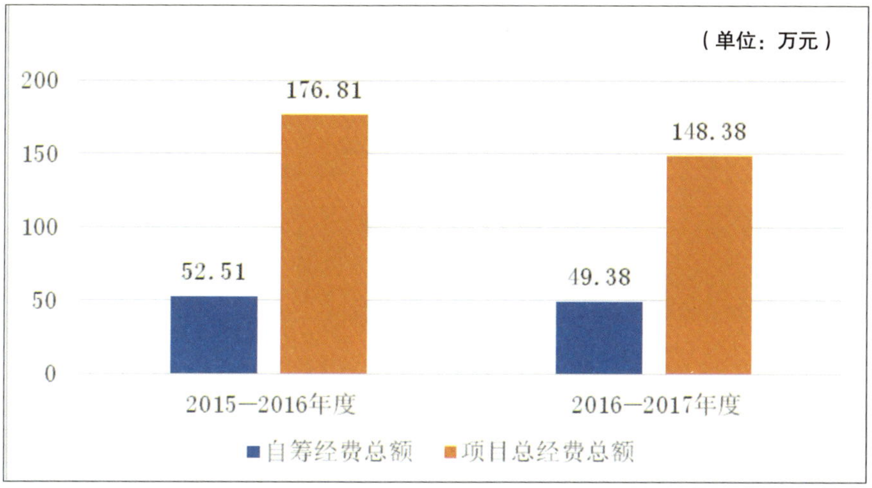

图4-5 两年度街道“妇女之家自筹经费与项目总经费情况”[1]

程中链接了韦博基金，为120名困难家庭、外来工家庭儿童免费提供艺术培训；瑞宝街“妇女之家”的“乐智天地”项目连接了侠仕（亚洲）有限公司“亚太青少年领袖培训计划”，为社区147名儿童免费开展野外拓展能力的训练；掌上“妇女之家”“益家易”服务平台设置了“福利社”功能，用户可以凭借服务积分兑换绘画投射分析、舞蹈课程体验、品牌防水手提袋等企业产品或服务。

通过建立项目链接社会资源机制，海珠区妇联能够用活社会资源，不断带动新的资源参与海珠区妇女儿童服务，形成“滚雪球”效应，丰富和充实“妇女之家”的服务内容，使辖区内妇女儿童得到更多实惠。

如表4-2所示，海珠区妇联积极搭建聚资平台，盘活“三方资源”，为海珠区妇女工作的开展发挥了重要的资源汇聚作用，增强了“妇女之家”的服务功能，使海珠区妇女儿童群体获得更优质的服务与产品。

[1] 该数据为抽样调查数据，并非所有“妇女之家”的总体情况。

表4-2 海珠区妇联“三方资源”汇聚情况

资源类型	具体单位	作用	实例
妇联自身资源	海珠区妇联	为“妇女之家”示范点提供运作经费保障	“3861我的家”及各街道“妇女之家”示范点
政府资源	海珠区人民法院、海珠区平安办、海珠区文明办等职能部门	增强“妇女之家”功能，实现各部门合作共赢	“心·晴·暖万家”家事调解中心、“家和万事兴”妇女家庭保护项目等
社会资源	海珠区女企业家协会、广州市大爱有家教育信息咨询有限公司等社会组织及企业	丰富和充实“妇女之家”的服务内容，增加妇女儿童群体实惠	“盼盼小天地”儿童绘本角、“亚太青少年领袖培训计划”等

（三）服务引导

在全面实现区级“3861我的家”和街道“妇女之家”社会化、项目化运作后，海珠区妇联和地区妇联尽管没有直接提供服务，但仍然以“代表和维护妇女权益，促进男女平等”为理念引导“妇女之家”及项目社工开展五大板块的服务，确保服务内容能够贯彻落实妇联使命。

在各类服务当中，个案服务是最直接与妇女群体接触的服务类型，能以问题为导向为妇女提供个别化的服务，协助其解决最迫切面临的问题，因此也最能体现服务专业性和“生命影响生命”的特征。在海珠区“3861我的家”及各街道“妇女之家”项目中，妇联理念不仅体现在整体项目设计上，更能具体落实到“妇女之家”的个案服务当中，通过个案服务把宏观的妇联理念与中观的五大板块任务落到微观服务实处。

首先，“3861我的家”及街道“妇女之家”的个案服务主要以性别平等建设、妇女保护、妇女能力建设、儿童保护、婚姻家庭建设五大板块内容为主。如图4-6所示，纳入本研究统计的289个专业个案和420个咨询个案当中[1]，①存在婚姻家庭建设板块需求的个案有347例，占49%；②存在妇女能力建设板

[1] 由于服务资料保存情况、调研抽样方法等客观因素，本报告使用的个案数据仅为抽样数据，不代表海珠区所有个案服务的情况。

块需求的个案有153例，占22%；③存在儿童保护板块需求的个案有60例，占8%；④存在妇女保护板块的有51例，占7%；⑤存在性别平等建设板块需求的个案有17例，占2%；还有144例个案的服务内容涉及服务内容咨询、经济支持咨询等其他方面的需求，占20%[1]。由此可见，“3861我的家”及街道“妇女之家”的个案服务能够覆盖五大服务板块任务，落实妇联理念，针对妇女儿童群体多样化的需求提供全面的服务内容。

在五大板块的框架内，“3861我的家”和街道“妇女之家”在个案服务中覆盖了妇女儿童群体更加细分的服务需求。首先，在婚姻家庭建设板块中，如图4-6所示，本研究抽样的专业个案和咨询个案中共有347例属于该服务板块（占所有抽样个案数量的44.95%），涉及的服务需求包括夫妻关系、亲子关系、婆媳关系、家庭成员关系4个大类，其中夫妻关系类有246例，占该板块总数的70.89%；其他家庭成员关系类有45例，占该板块总数的12.97%；亲子关系类和婆媳关系类均有28例，各占该板块总数的8.07%。由此可见，夫妻关系问题是目前海珠区“3861我的家”及街道“妇女之家”的个案服务对象面临的最主要问题，而个案服务不仅能介入这类主要问题，同时也能介入亲子关系、婆媳关系等其他家庭成员关系，全面促进了婚姻家庭建设。

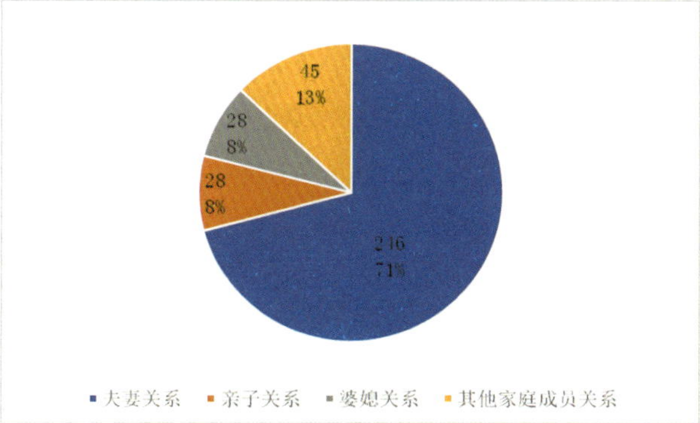

图4-6 婚姻家庭建设板块个案需求情况

[1] 由于部分个案同时存在多个服务板块需求，因此各服务板块个案之间会有重复，各板块个案数量相加之和不等于纳入研究的个案总数。

在妇女能力建设板块，本研究抽样的专业个案和咨询个案中共有153个案例属于该服务板块（占所有抽样个案数量的19.82%），涉及的主要服务需求包括：抚养能力41例，占26.80%；财产纠纷37例，占24.18%；职场能力18例，占11.76%；医疗政策咨询16例，占10.46%；救助政策咨询有14例，占9.15%；债务问题咨询9例，占5.88%；就业政策咨询3例，占1.96%；退休政策咨询5例，占3.27%；其他政策咨询10例，占6.54%。妇女能力建设板块的个案服务协助妇女群体提升了多方面的能力，既包括儿童抚养能力，也包括财务处理和职场能力等经济生活方面所需要的能力，还协助提升妇女对各类政策的了解与掌握程度，使她们更有能力运用各种政策资源维护自身权益。

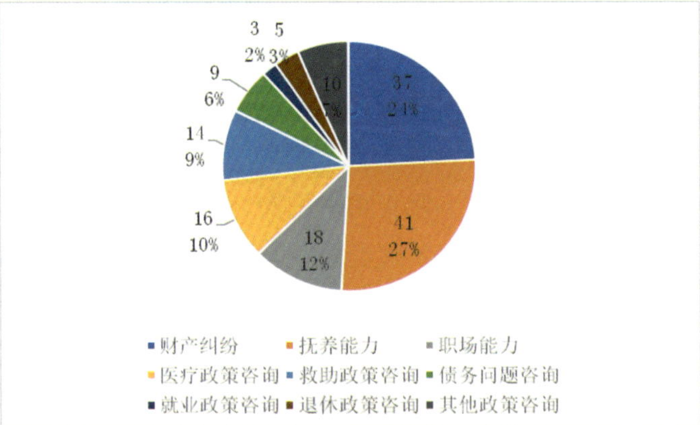

图4–7　妇女能力建设板块个案需求情况

在儿童保护板块，本研究抽样的专业个案和咨询个案中共有60例属于儿童保护板块（占所有抽样个案数量的7.77%），涉及的服务需求包括：行为偏差有19例，占31.67%；学业问题和情绪问题均有15例，各占25.00%；儿童虐待11例，占18.33%。可见，海珠区“3861我的家”和街道“妇女之家”的个案服务既能够介入儿童的学业问题、情绪问题等不涉及人身伤害的发展问题，也能干预儿童受虐、行为偏差等较严重的问题，为儿童成长保驾护航。

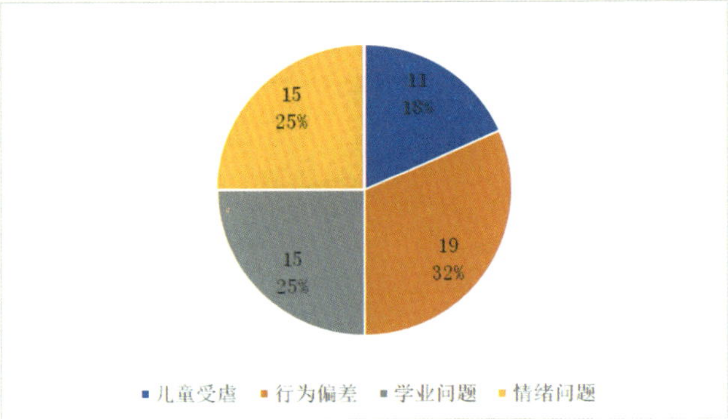

图4–8 儿童保护板块个案需求情况

在妇女保护板块，如图4–9所示，本研究抽样的专业个案和咨询个案中共有51例属于该服务板块（占所有抽样个案数量的6.61%），主要包括4个方面的服务需求。其中，未婚先孕有40例，占78.43%；非婚生育和伴侣暴力均有4例，占该部分总数的7.84%；伴侣性侵有2例，占该部分的3.92%；邻里性侵有1例，占该部分的1.96%。可见，海珠区“3861我的家”和街道“妇女之家”在个案服务中能够介入未婚先孕、非婚生育、伴侣暴力等较为严重的妇女侵害事件，切实维护妇女权益。

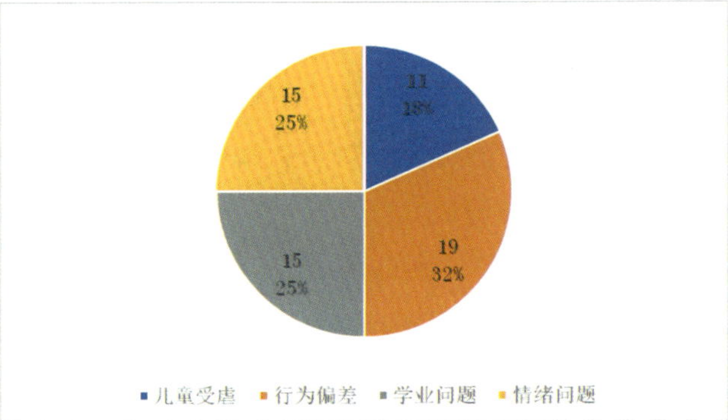

图4–9 妇女保护板块个案需求情况

在性别平等建设板块，本研究抽样的专业个案和咨询个案中共有17例属于该服务板块（占所有抽样个案数量的2.20%）本研究的抽样数据显示，个案服务解决的具体问题主要包括伴侣间发生的矛盾（10例，占59%）和妇女在恋爱过程中关于两性关系的焦虑（7例，占41%）（如图4-10所示）。

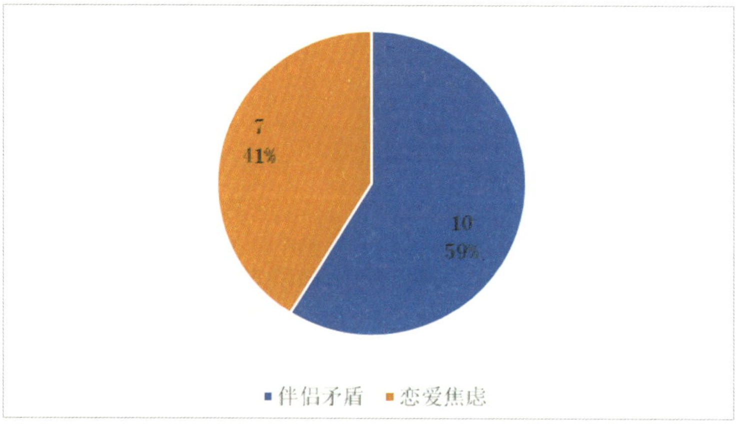

图4-10　性别平等建设板块个案需求情况

针对上述个案服务需求，海珠区“3861我的家”和街道“妇女之家”能够采取多种服务方法进行介入，共对本研究所统计的289个专业个案介入超过1590次，共对420个咨询个案介入超过840次。“妇女之家”使用的服务介入方法按照次数排序为：法律支持（共计203次）、情绪疏导（共计191次）、家庭建设（共计102次）、链接其他服务机构资源（共计90次）、经济援助（共计38次）、能力提升（增能）（共计37次）、链接其他资源（共计20次）、政策资源（共计16次）、行为调适（共计11次）、婚恋辅导（共计10次）、学业辅导（共计8次）、哀伤辅导（共计2次）。

在海珠区妇联的积极引导下，海珠区“3861我的家”和街道“妇女之家”能够通过各类介入方法协助妇女儿童群体解决其所面临的种种问题，在微观服务中落实宏观的妇联理念与中观的五大板块任务，从而增强服务的“妇联味道”，提升“妇女之家”凝聚妇女、服务妇女的作用。

（四）人心凝聚

海珠区妇联通过建设“妇女之家”阵地，汇聚多方资源，引导服务开展，从而扩大了与妇女群体的接触面，使“妇女之家”的服务覆盖广大妇女儿童群体，增强了妇联组织的吸引力、凝聚力和影响力。

首先，从“妇女之家”项目的服务目标群体来看，2016—2017年度海珠区18个街道的“妇女之家”在项目设计时已经覆盖了包括一般妇女（4个项目）、单亲母亲及其他困境妇女（4个项目）、一般儿童（3个项目）、农转居妇女（2个项目）、年轻母亲（1个项目）、环卫女工（1个项目）、外来妇女（1个项目）、特殊儿童父母（1个项目）、残障妇女（1个项目）、流动儿童（1各项目）等各类妇女儿童群体。如表4-14所示，海珠区各“妇女之家”覆盖的妇女群体非常广泛，既包括一般的妇女儿童群体，也包括特殊困难的妇女儿童群体。

表4-3 2016—2017年度海珠区各街道“妇女之家”的服务目标群体

服务目标群体	“妇女之家”项目
一般妇女	● 素社街妈妈的成长港湾——妇女发展计划； ● 昌岗街“爱·回家”新时代家庭教育项目； ● 新港街幸福暖阳计划； ● “爱在琶洲”幸福女性项目
单亲母亲及其他困境妇女	● 江南中街心灵驿站； ● 官洲街“阳光妈妈”妇女发展计划； ● 滨江街“巾帼有能，姐妹同行”社会助力困境妇女发展计划； ● 龙凤街“自强成就美丽”家庭关爱项目
一般儿童	● 南华西街“同心护童”儿童保护计划； ● 赤岗街七所社区儿童成长关护计划； ● 瑞宝街“乐智天地”早期教育体验中心
年轻母亲	● 沙园街宝妈加油站——年轻妈妈育儿支持中心
环卫女工	● 凤阳街“同筑健康，共享城市”凤阳街道女性环卫工人自我健康管理能力提升
外来妇女	● 南洲街“新广妈妈帮”外来妇女支持计划
农转居妇女	● 华洲街“新凤坊”妇女能力建设项目 ● 华洲街“织锦绣坊”妇女手工就业项目
特殊儿童父母	● 南石头街“星乐援”自闭症儿童父母支持计划
残障妇女	● 海幢街“舒心相融”女性残疾人及其家庭照顾者支持计划
流动儿童	● 江海街童学童成长项目

从2013年至2016年区级“3861我的家”和街道“妇女之家”的个案服务对象的性别情况来看，如图4-11所示：在专业个案的服务案例中，除9个未写明性别信息的个案外，男性共有50人（占18%），女性共有230人（占82%），男女比例为1:4.6。在咨询个案的服务案例中，除3个未写明性别信息的个案外，男性共有68人（占16%），女性共有349人（占84%），男女比例为1:5。海珠区“3861我的家”和街道“妇女之家”的个案服务对象均以女性为主，但也包括部分男性，反映出“妇女之家”阵地既能落实妇联“代表和维护妇女权益，促进男女平等”的基本职能，也重视男性在性别平等建设、婚姻维持、家庭建设方面的作用。

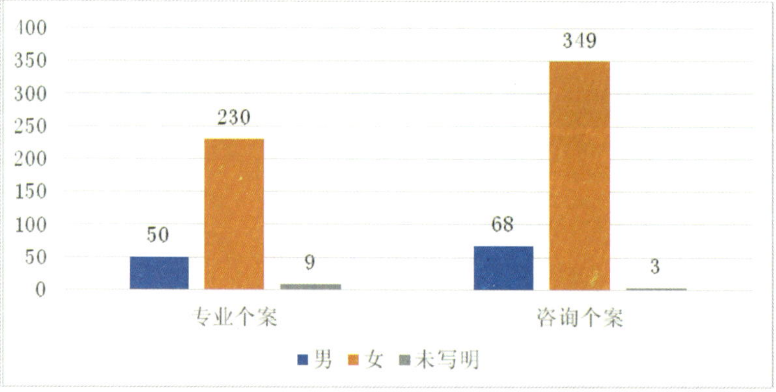

图4-11　海珠区“3861我的家”及街道“妇女之家”个案服务对象性别情况

从个案服务对象的年龄来看，如图4-12所示，在专业个案中，除了44位个案服务对象未写明年龄外，处于0—9岁的服务对象有13位（占4%），处于10—19岁的服务对象有21位（占7%），处于20—29岁的服务对象有23位（占8%），处于30—39岁的服务对象有81位（占28%），处于40—49岁的服务对象有43位（占15%），处于50—59岁的服务对象有44位（占15%），处于60岁及以上的服务对象有23位（占8%）。

在咨询个案中，除了121位服务对象未写明年龄情况外，处于0—9岁的服务对象有7位（占2%），处于10—19岁的服务对象有6位（占1%），处于20—29岁的服务对象有35位（占8%），处于30—39岁的服务对象有93位（占22%），处于40—49岁的服务对象有70位（占17%），处于50—59岁的服务对象有59位（占14%），处于60岁及以上的服务对象有32位（占8%）。

从个案服务对象的年龄分布情况可见，海珠区“3861我的家”和街道“妇女之家”的个案服务能够覆盖各个年龄层的妇女儿童群体，但31—39岁及40—49岁年龄层的服务对象最为集中。

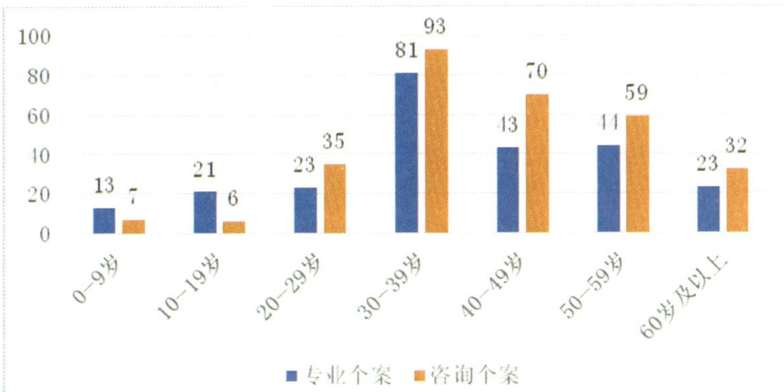

图4-12 海珠区“3861我的家”及街道“妇女之家”个案服务对象年龄情况

从服务对象的经济情况来看，如图4-13所示，海珠区“3861我的家”及街道“妇女之家”专业个案中，领取最低生活保障的有11例，占4%；经济困难[1]的有15例，占5%；经济情况良好[2]的有263例，占91%。咨询个案当中，领取最低生活保障的有13例，占3%；经济困难的有25例，占6%；经济情况良好的有382例，占91%。无论是专业个案服务还是咨询个案服务当中，低保户及经济困难服务对象均占少数，海珠区“妇女之家”的服务能够覆盖到包括经济困难群体和经济情况良好群体在内的最广大妇女群众。

[1] 经济困难是指不具有领取最低生活保障资格但家庭收入较低的情况。
[2] 经济情况良好指不存在经济困难的情况，包括小康及富裕等经济状态。

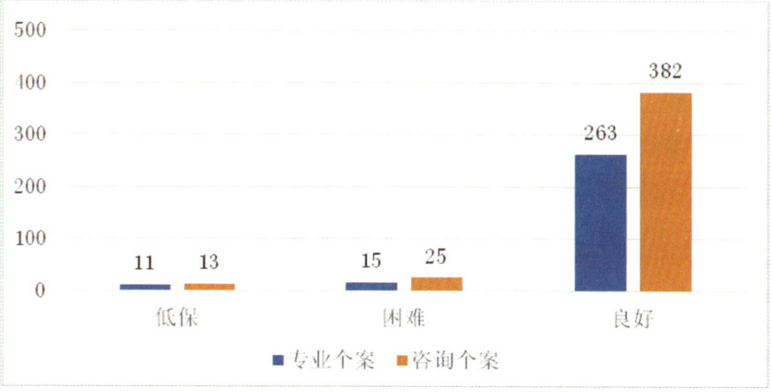

图4-13　海珠区“3861我的家”及街道“妇女之家”个案服务对象经济情况

最后，从个案服务对象的来源来看，海珠区“3861我的家”及街道“妇女之家”的专业个案中，除96例无写明服务来源外，自主求助的个案最多，有172例，占75%；转介而来的个案有36例，占16%；由外展发掘的个案有9例，占4%；他人代为求助有7例，占总数的3%；来自其他渠道的个案有6例[1]，占3%。

在咨询个案服务中，除59例无写明服务来源外，自主求助的个案有230例，占71%；转介而来的个案有5例，占2%；他人代为求助有6例，占总数的2%；其他渠道的有83例，占26%。

由此可见，海珠区“3861我的家”及街道“妇女之家”的专业个案和咨询个案的服务对象均以主动求助为主，反映出海珠区“妇女之家”已经具备相当大的社会知晓度和服务吸引力，赢得了妇女群体的信赖，妇女群体在需要帮助时能够主动向“妇女之家”求助。

[1] 其他渠道包括服务对象在参与小组及社区活动时寻求个案服务、社工在小组及社区活动中发展个案服务对象等。

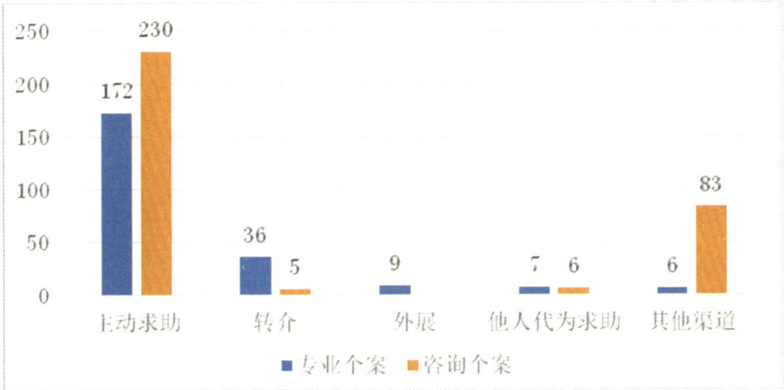

图4-14 海珠区“3861我的家”及街道“妇女之家”个案服务对象来源情况

综上所述，在妇联工作改革的“海珠模式”中，海珠区妇联发挥了重要的总体部署作用，以统一标准主导“妇女之家”建设，汇聚多方资源丰富了“妇女之家”的服务，以宏观的妇联理念和中观的五大板块任务引导服务发展，使“妇女之家”能够在微观服务中落实妇联理念，帮助妇女群体解决其所面临的各类迫切问题，起到凝聚妇女、服务妇女的作用，赢得了海珠区妇女群体的信赖。

二、地区妇联自主运作，推动“妇女之家”建设发展

在区级“3861我的家”项目实施成功的基础上，2014年海珠区“妇女之家”进入了项目复制阶段，将社会化、项目化运作的模式从区级的1个项目复制到18个街道社区，从一家机构承接到引入众多机构承接；并按照“统一服务理念、统一工作标准、统一形象识别”的原则，以连锁经营的模式推进示范点建设。2015年，海珠区实现18个街道“一家一特色”的“妇女之家”示范点全覆盖。

在新的“妇女之家”运作模式中，地区妇联主要发挥了自主运作的作用。

具体来说，地区妇联作为街道“妇女之家”项目具体的经办者、管理者与实施者，其工作职责包括：负责结合妇联工作重点和国家相关政策，评估辖区内妇女儿童及其家庭的服务需求；向申报服务项目的社会组织介绍服务需求，与申办主体共同设计辖区内的服务项目；参与服务项目的评选工作；支持进驻基层社区的社会组织开展服务；对社会组织开展的相关服务不定期开展现场观察，听取机构汇报项目运转情况。

在“海珠模式”中，尽管“妇女之家”服务是由承接项目的民办社工机构负责具体开展，但地区妇联仍然深度参与了项目设计、评选、实施和监管过程，并在这个过程中发挥地区妇联“亲近妇女、了解妇女”的天然优势，通过“妇干带社工”的模式帮助社工与妇女群众迅速建立信任关系。正是在地区妇联的参与下，“妇女之家”项目才能更紧密地结合所在街道妇女群体的特点与需求，形成“一家一特色”的服务格局。本节将对海珠区街道“妇女之家”的服务与运作情况进行分析。

（一）各街道“妇女之家”服务内容

海珠区各街道“妇女之家”的服务内容各具特色，覆盖了不同妇女儿童群体的多样化需求。以下为2016—2017年度海珠区各“妇女之家”的服务内容介绍。

滨江街“妇女之家”开展的项目为“巾帼有能，姐妹同行”社会助力困境妇女发展计划，致力于协助困境家庭妇女提升家庭经济收入，改善其家庭生活。项目搭建姐妹同行乐助会平台，通过街道妇干和女职工、巾帼志愿者与有意愿、有能力接受手工艺商品制作技能培训的困境家庭妇女，组建“姐妹同行乐助会”，协助困境妇女学习不同类型的技能培训，并形成产品，公布于姐妹同行乐助会平台。机构社工将链接社会企业加入平台，流通商品渠道，解决销售困难，创造一个困境家庭妇女、巾帼志愿者、姐妹同行乐助会平台、企业四位一体的体系。

昌岗街“妇女之家”开展的项目为“爱·回家”新时代家庭教育项目，其运用“妇联主导、社区支持、学校协助、社会组织专业实施、家长参与反哺资源”的五星网模式，通过讲座、家庭教育课程、培养价值骨干等方式传播家庭教育知识，鼓励父母共同参与家庭教育工作，加强正确的家庭教育观念，提高亲子陪伴时间及质量，让婚姻关系更稳固、家庭关系更和谐，建构幸福大社区，探索形成一套可复制、可传播、高效率、高参与度、高认可度、高实操性的家长学校模式。

赤岗街“妇女之家”的项目为赤岗街七所社区儿童成长关护计划，致力于在七所社区传递平等、发展、互动的概念，递进式改善儿童生活社区环境，最终促进社区达到关爱儿童成长、保护儿童成长的目的。项目具体内容包括开展社区调研，“发起护苗行动”联动各方资源，建立“护苗驿站”，初步建立儿童保护的社区氛围；并通过家长会、校园讲座、第二课堂、大课间、校园摄影展、画展、征文比赛、寻宝活动等形式开展校园、社区儿童安全教育活动，以互动体验的方式增强社区儿童的自我保护意识及能力。

凤阳街“妇女之家”的项目为“同筑健康，共享城市”。该项目以健康作为切入点，通过项目的运作提高凤阳街女性环卫工人的健康水平。项目将首先通过探访环卫女工，为其进行全面的体检建立《城市美容师健康档案》，并根据体检结果与100名环卫女工共同制订健康计划。接着根据环卫女工的工作特性、生活习惯以及常见病情况编制《城市美容师健康管理手册》，在环卫女工工作场所附近为环卫女工提供健康知识的普及教育。项目还发展环卫女工健康同伴教育员，增强环卫女工参与改善健康状况的主体意识，推动实现环卫女工群体间的互助。

官洲街“妇女之家”开展的项目为“阳光妈妈”妇女发展计划，其旨在为单亲母亲群体提供情绪支持、能力和技能提升、亲子教育、关系经营等一系列社工服务，以提升单亲母亲应对困境的能力，为单亲母亲提供情感支持，搭建支持社区妇女成长和建设的网络平台。

江海街“妇女之家”的项目为童学童成长项目。该项目旨在为流动儿童开展兴趣学习活动，协助流动儿童发展兴趣技能，提高他们日后的竞争力，同时开展人际交往、情绪管理、亲子沟通等主题活动，关注他们的身心健康发展。此外，项目还组建流动儿童义演队伍，为他们提供表演平台，提高他们的自我效能感。项目还注重帮扶家庭经济困难的流动儿童，让其有机会发展自己的能力。

江南中街“妇女之家”的项目为心灵驿站项目，该项目秉承“以人为本，关怀社区社群”的服务理念，运用地区发展模式视角，探索以“社工+义工”模式，以社区参与为核心，社区“增能”为目的，促进困境特殊家庭（包括单亲家庭、自闭症儿童家庭及问题儿童家庭）与社区社群之间的参与及互动。

龙凤街“妇女之家”的项目为“自强成就美丽”家庭关爱项目，该项目以龙凤街道困境家庭中的妇女为主要的服务对象，建立一家一档案，通过个案管理工作，为案主提供人文关怀和情感支持、资源链接等补充性服务，提升服务对象表达诉求，寻求支援提升自身能力。项目注重提升妇女个人和家庭和谐健康发展，推广男女平等理念，提升女性自我意识，打造龙凤街互助平台。

南石头街“妇女之家”的项目为“星乐援”自闭症儿童父母支持计划，该项目以“打造星妈强有力的心理资本、提供社会人性化多方位支持、给来自星星的孩子朗朗晴空”为服务理念，采取“同行、充权、资源整合”的策略，陪伴自闭症儿童家庭同行及家庭间陪伴同行，为自闭症儿童家庭提供情感与技术支持，完善自闭症儿童家庭的社会支持网络；促进自闭症儿童家长互助组织的发展；建立“星乐援资源角”平台，充分运用益家易平台促进资源共享。

南洲街“妇女之家”的项目为“新广妈妈帮”外来妇女支持计划，该项目通过文献数据和社区调研数据，定位外来务工母亲（项目定义为新妈妈）的能力提升、缓解家庭照顾压力、非正规支持网络建立的需求，实施了“社区资源地图”计划和幸福“加油站”计划，通过链接正式与非正式资源，为新妈妈增能；通过技能培训以及互助小组，推动社区形成妇女联盟。

琶洲街“妇女之家”的项目为“爱在琶洲”幸福女性项目，该项目以“从个人幸福、家庭和谐、社区和谐三个维度推动全面小康社会建成”为主线，面向辖区的婚恋群体及居民的需求将项目划分为两个子项目，（分别为“寻找·爱”幸福女性项目和“爱有道，心同行”幸福女性项目）向社区婚恋群体开展婚恋辅导、个案咨询、社区活动等，帮助女性树立自信，推动婚恋群体形成正确的婚恋观。组建社区巾帼志愿者队伍，组织志愿者提供培训和参与志愿活动，搭建社区公益平台，促进社区和谐有爱。

瑞宝街“妇女之家”的项目为“乐智天地”早期教育体验中心，该项目通过问卷调查及焦点小组的方法了解和明确辖区儿童及其家长的需求，本着以服务社会、服务儿童、服务家庭为指导思想，以“家庭为本、妇女儿童为重点主动介入”为策略，为2—6岁儿童及其家长提供成长专业服务；从“儿童安全”“儿童潜能开发”“家长科学育儿”“家庭氛围和谐”四个方面开展了儿童恒常服务、主题小组、家长课堂、主题亲子活动，由此缓解了家庭的照顾压力，缓和了隔代矛盾，在社区营造出了义工参与社会服务的氛围。

沙园街“妇女之家”的项目为“宝妈加油站——年轻妈妈育儿支持中心”，该项目服务以“平台—介入—深化—参与—改变—自主”为主线，通过搭建互动平台，以儿童服务为项目内容为介入点，服务设置了“女性发展营”、“快乐发展屋”、“爱·回家”三大方面，开展了儿童兴趣培养、能力建设、亲子互动、妇女技能提升、义工培训等服务。项目提倡并引导妇女参与社会，通过鼓励妇女自主服务、成为义工与妇女领袖，协助开展项目服务，最终达成项目自主化运作的效果。

素社街“妇女之家”的项目为“妈妈的成长港湾——妇女发展计划”，该项目以家庭妇女为主要服务对象，从妇女个人能力、妇女支持网络建立、社区政策倡导、妇女义工队伍建设四个维度，设置了家庭关系管理、家庭财政管理、自我能力增强的技能或知识、妇女保护政策宣传、妇女工作鼓励参与等方面的服务，帮助困难妇女链接资源，为社区妇女搭建一个互动、交流平台,推动社区居民了解妇女权益维护相关知识，提高社区居民妇女（包括女性儿童）的权益维护意识，促进妇女关注自身成长，挖掘自身潜能，推动个人成长、家庭和谐、社区发展。

新港街“妇女之家”开展的项目为“幸福暖阳计划”，该项目旨在为辖内妇女搭建一个夫妻关系的多元知识资源库和求助热线，为辖内妇女提供足够的支持，全面提高夫妻相处能力及沟通能力，促使其更好地掌握应对婚姻危机的方法技巧，全面营造一个良好的夫妻相处的家庭氛围。项目以“宣传培育期—实践推进期—成果展示期”的服务策略有序逐渐推进，通过组建义工队伍，成立“暖阳姊妹”热线、义工培训、开设婚姻家庭建设知识分享平台、提供关于“婚姻家庭关系”专题讲座、开展“婚姻家庭关系”系列小组等服务，提升妇女处理夫妻关系能力，营造良好夫妻沟通互动氛围，促进家庭和谐发展。

除了以上15个独立运作的街道“妇女之家”项目外，南华西街、华洲街和海幢街的“妇女之家”项目由区级“3861我的家”一并开展。2016—2017年度“3861我的家”项目将社会工作、心理学、教育学等多种方法和理念有机嵌入妇女儿童服务，整合各类服务资源，为妇女、儿童及家庭提供全面、优质的服务，努力实现社区妇女儿童困有所助、难有所帮、需有所应，打造一个为民、便民、利民的妇女儿童服务平台，具体开展了五大板块的服务：

在性别平等建设板块，项目设有“我们这一家”家庭生活教育项目，针对二胎问题、家庭照顾、家庭分工等方面提供服务，通过亲子小组活动、社区倡导、个案辅导等方法倡导家务及家庭照顾共同分担理念，纠正男性在家庭中对妇女的偏差看法，减轻妇女在家庭中的照顾压力，提升妇女对自身价值的认同。

在妇女能力建设板块，项目设有龙潭“妇女之家”“新凤坊”项目，结合社区“农转居”的特点及辖区群体分布（城中城妇女及外来务工妇女为主），在认识自身价值和能力提升方面，开展“巾帼”女性增能系列服务、“巾帼”支援服务队培育服务，通过协助妇女参与社区服务，提升自我效能感，增强妇女自尊自信。

在妇女保护板块，项目设有“不再沉默”——反家暴项目，项目前期对相关反家暴文献进行查阅，调研分析受家暴妇女的情况及现状，以“预防——重建”为主线，开展了增强法律保护意识、法律维权意识、维权能力提升、正确婚恋观确立等方面的服务，加强了妇女们对《反家暴法》的认识和理解，也使妇女在社工专业辅导及陪伴下走出婚姻失败的困境。

在儿童保护板块，项目在南华西街和龙潭社区设有“同心护童”项目，针对儿童安全、儿童学业辅导、兴趣发展、人际交往等方面的需求，开展安全小能手计划、儿童社区导赏计划、小记者历险记、亲子无间欢度六一、四点半课堂等一系列活动，提升儿童自我安全意识、能力和个人能力，增强社区归属感和自我效能感。

在婚姻家庭建设板块，项目主要侧重于个案服务，主要通过38613861热线、居委、妇干转介等途径获得个案。通过个案服务，增强妇女对维权的定义、妇联性质的认知，通过社工的专业性服务，基于案主支持，帮助案主梳理情绪和应对问题的思绪，陪伴案主应对婚姻家庭中的困难，走出困境，增强自身信心。

若按照服务板块来划分，如图4-15所示，2015—2016年15个独立运作的街道“妇女之家”当中，主要提供妇女保护板块服务的共有3个项目，占20%，内容涵盖单亲母亲帮扶、困难妇女帮扶等；主要提供婚姻家庭建设板块服务的共有3个项目，占20%，内容涵盖婚恋服务、家庭教育、家庭关系协调等；主要提供儿童保护板块服务的共有4个项目，占27%，内容涵盖特殊儿童服务、儿童安全、流动儿童服务、儿童能力建设等；主要服务妇女能力建设板块的共有5个项目，占33%，服务内容涵盖健康能力提升、妇女领袖能力培养、育儿能力提升等。

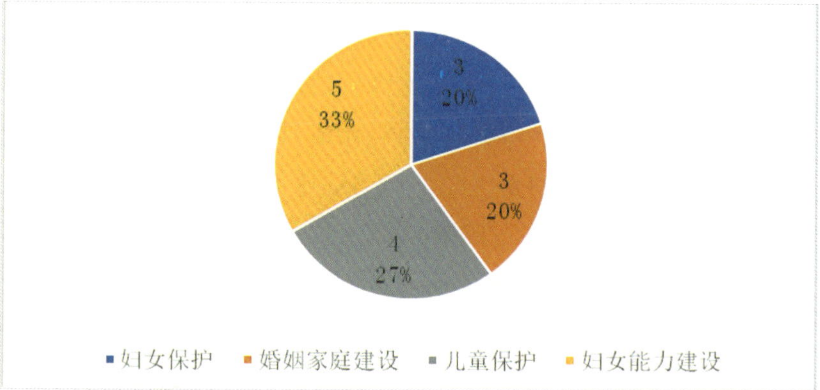

图4-15 2015—2016年度街道“妇女之家”情服务板块分布情况

如图4-16所示，2016—2017年度海珠区街道“妇女之家”的服务板块情况略有调整，其中，主要提供妇女保护板块服务的共有4个项目，占27%，内容涵盖单亲家庭帮扶、困境妇女帮扶等；主要提供婚姻家庭建设板块服务的共有3个项目，占20%，内容涵盖婚恋服务、家庭教育、家庭关系协调等；主要提供儿童保护板块服务的共有4个项目，占27%，内容涵盖特殊儿童服务、儿童安全、流动儿童服务、儿童能力建设等；主要服务妇女能力建设板块的共有4个项目，占27%，服务内容涵盖健康能力提升、领袖能力培养、育儿能力提升、外来妇女支持等。

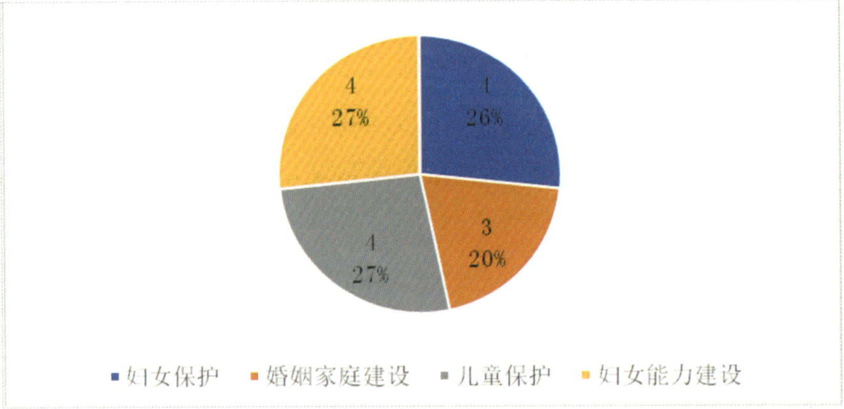

图4-16 2016—2017年度街道“妇女之家”服务板块分布情况

从上述资料可见，海珠区各地区妇联和项目承接机构能够根据所在街道的实际情况设计并开展“妇女之家”服务，形成“一家一特色”的服务格局，为妇女儿童群体提供丰富的服务内容。而各具特色的“妇女之家”又能在全区层面形成服务互补的局面，具有不同需求的妇女儿童群体可以根据自身情况选择不同“妇女之家”获取服务，使海珠区“妇女之家”的服务功能得到极大提升。

（二）“妇女之家”项目经费情况

2015—2016年度15个街道“妇女之家”服务项目总经费共计190.79万元，其中购买区妇联购买项目经费为134.30万元，占总项目经费的70%；“妇女之家”自筹经费为56万元，占总经费的30%；平均每个“妇女之家”项目总经费为13万元，其中受资助经费为8.95万元，自筹经费为3.77万元，两者的比近似为7：3（如图4-17所示）。

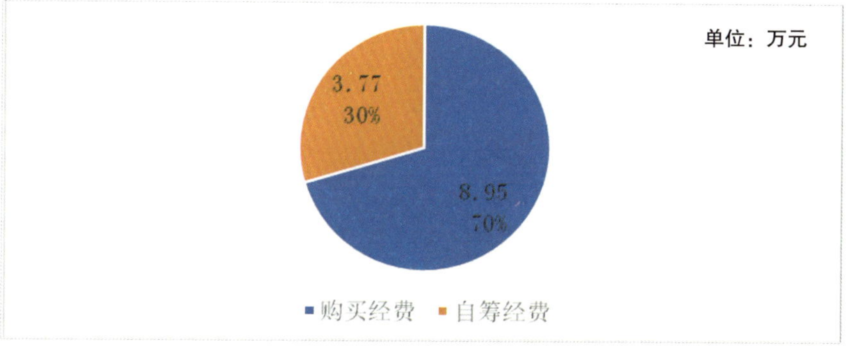

图4-17 2015—2016年度街道“妇女之家”平均项目经费收入情况

另外，如图4-18所示，2015—2016年度服务项目的经费5万元—10万元（不含10万元）有5个，10万元—15万元（不含15万元）有4个，15万元以上的项目有6个，所占的比例分别为0%、33%、27%、40%。可见海珠区各街道“妇女之家”既能获得区妇联的充足资金支持，亦能提升链接社会资源的能力，具有相当大的自筹经费比例。

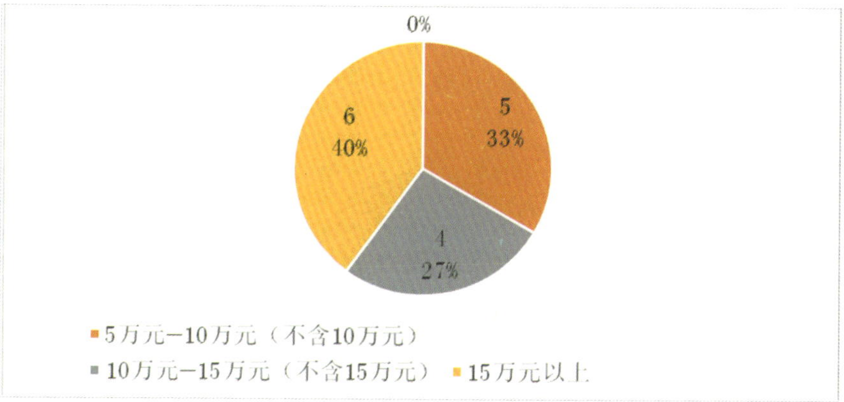

图4-18 2015—2016年度“妇女之家”项目分布情况

2016—2017年度15个街道“妇女之家”经费统计中，在区妇联购买经费方面，具有相关数据的12个“妇女之家”共计149万元，平均每个“妇女之家”获得12.42万元；在项目自筹经费方面，具有相关数据的9个“妇女之家”共自筹了49.38万元，平均每个“妇女之家”自筹5.49万元（如图4-19所示）。

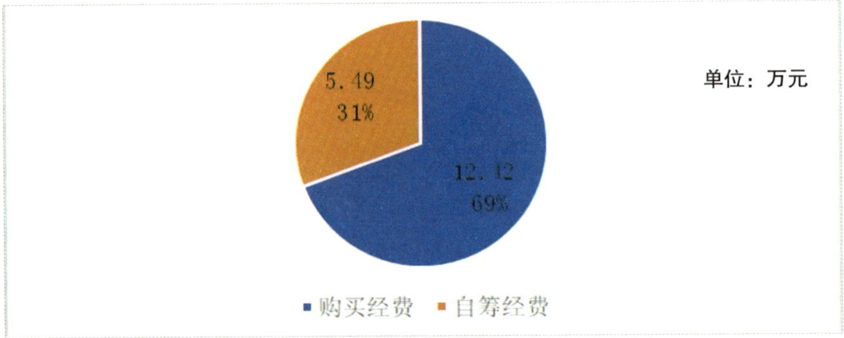

图4-19 2016—2017年度街道“妇女之家”平均项目分布情况

在2016—2017年度街道“妇女之家”服务项目中，除了2个项目数据缺失外，5万元—10万元（不含10万元）的项目有3个，占总体的23%；10万元—15万元（不含15万元）的项目有3个，占总体的23%；15万元以上的项目有7个，占总体的为54%。可见2016—2017年度海珠区各街道“妇女之家”能够得到较为充足的项目经费保障。

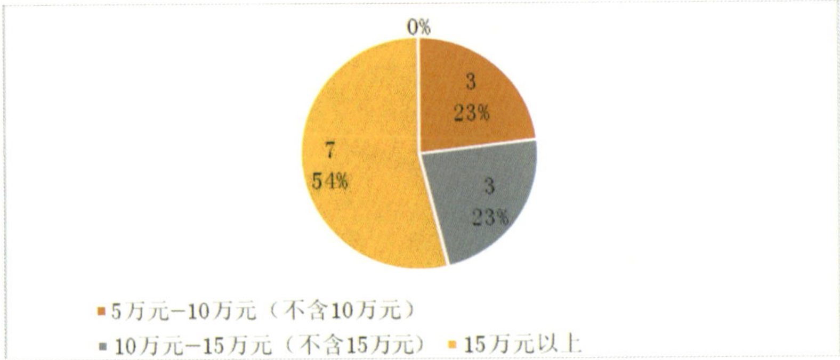

图4-20 2016—2017年度街道“妇女之家”项目经费分布情况

2015—2016年度有相关数据的15个街道“妇女之家”资料显示，其经费总支出为142.43万元，所有的支出范围主要划分为人员配置、服务支出、日常行政支出、税费及其他支出五个方面，其中所占的金额（比例）分别为：69.36万元（占49%）、51.26万元（占36%）、11.53万元（占8%）、5.70万元（占4%）、2.59万元（占2%）。如图4-21所示，在项目经费开支的五个方面，人员配置和服务支出的比重最大，其次为日常行政支出，项目支出比例较为合理。

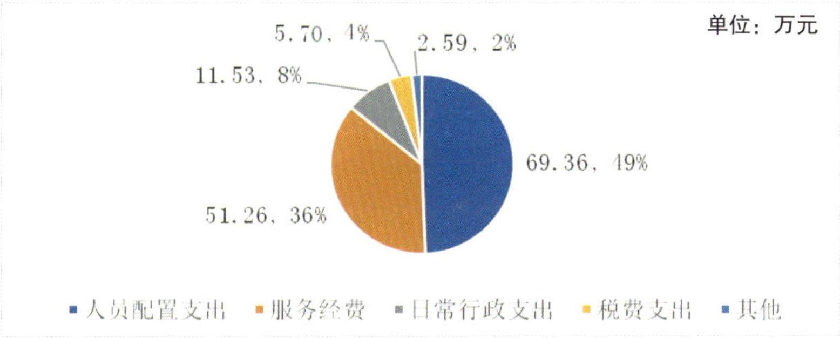

图4-21 2015—2016年度街道“妇女之家”项目经费支出明细

在五个项目开支的维度中，平均每个项目在人员配置支出方面为4.62万元，服务经费开支为3.42万元，日常行政支出为0.77万元，税费为0.38万元，其他项目开支0.17万元，如图4-22所示。

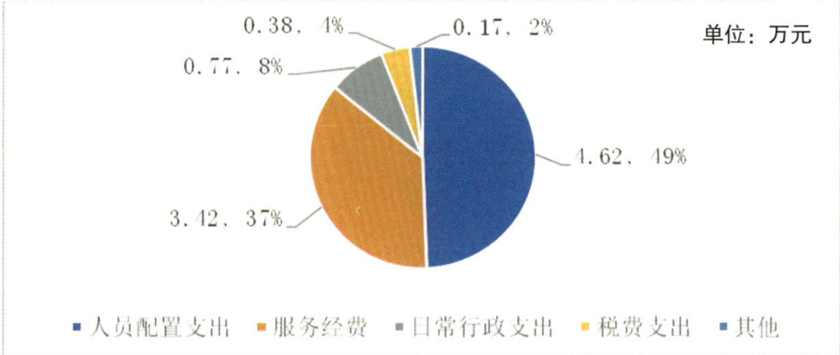

图4-22 2015—2016年度各街道“妇女之家”项目平均支出明细

在2016—2017年度中，除2个街道“妇女之家”的经费支出数据缺失外，纳入统计的其余12个街道“妇女之家”项目在各方面的支出情况为：人员配置总支出71.40万元，平均每个项目该部分须支出5.95万元，占总经费51%；服务经费总支出50.94万元，平均每个项目该部分须支出4.25万元，占总经费36%；日常行政总支出11.79万元，平均每个项目该部分须支出0.98万元，占总经费8%；税费总支出7.10万元，平均每个项目该部分须支出0.59万元，占总经费5%。整体来说，街道“妇女之家”项目的经费支出情况比较合理，既保证了人员配置，也保证了有足够资源投入直接服务。

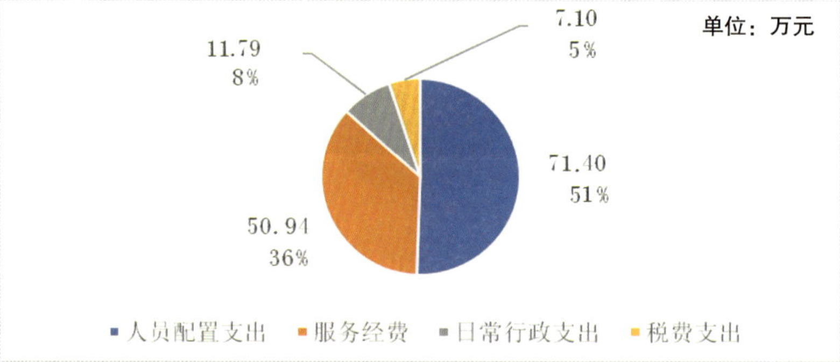

图4-23 2016—2017年度街道“妇女之家”项目经费支出明细

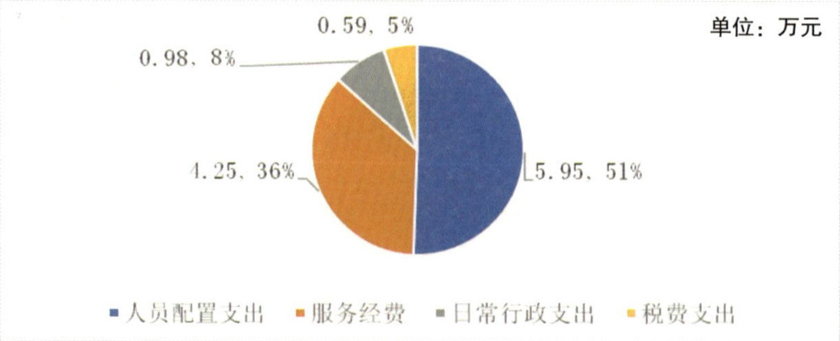

图4-24 2016—2017年度各街道“妇女之家”项目平均支出明细

（三）“妇女之家”服务指标完成情况

2015—2016年度共有15个街道“妇女之家”项目在自评报告中列明了服务指标完成情况。在探访指标方面，共有3个项目有该项指标，服务指标量为520户，实际完成685户，指标完成率达131.73%；平均每个项目须完成173户探访，实际完成228户探访；平均每位社工须完成34.7户探访，实际完成45.7户。

在个案指标方面，共有10个“妇女之家”项目列出了指标完成情况，其中，服务指标量为80个，实际完成95个，指标完成率为118.75%；平均每个项目个案指标量为8个，实际完成9.5个；平均每位社工的个案指标量为3个，实际完成3.5个。

在小组指标方面，共有10个“妇女之家”项目列明了相应的指标完成情况，其中，服务指标量为49个，实际完成57个，完成率达116.33%；平均项目指标量为4.9个，实际完成5.7个；平均每位社工的小组指标量为1.8个，实际完成2个。

在活动指标方面，共有14个“妇女之家”项目列明了指标完成情况，服务指标量为212个，实际完成228个，完成率达107.56%；平均每个项目的指标量为15.1个，实际完成16.3个；平均每位社工的活动指标量为4.7个，实际完成5个。2015—2016年度街道“妇女之家”总体服务指标完成情况如图4-25所示，平均每个项目的服务指标完成情况如图4-26所示，平均每位社工的服务指标完成情况如图4-27所示。

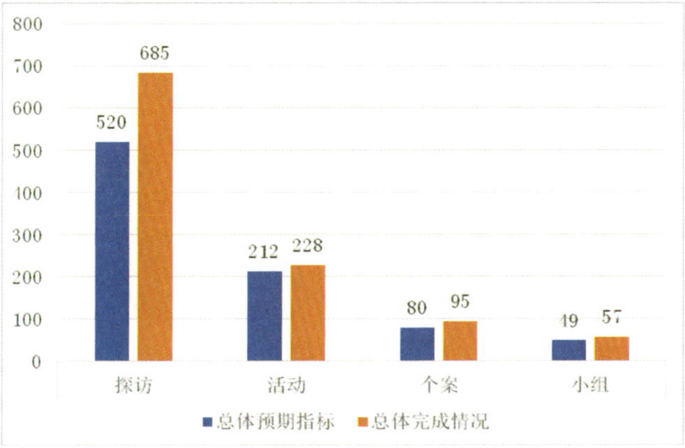

图4-25 2015—2016年度海珠区街道“妇女之家”总体服务指标完成情况

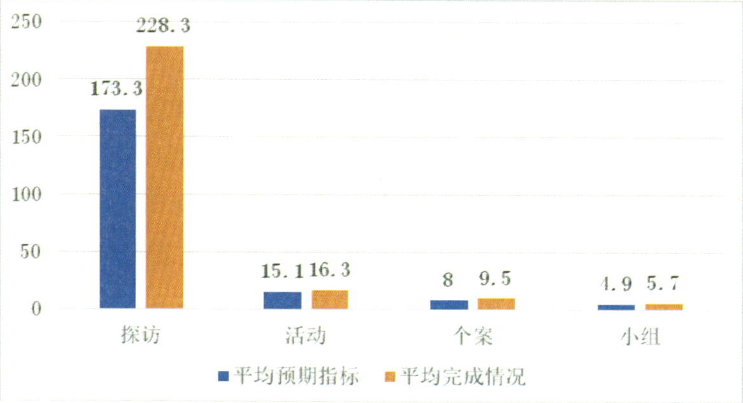

图4-26　2015—2016年度海珠区街道“妇女之家”平均服务指标完成情况

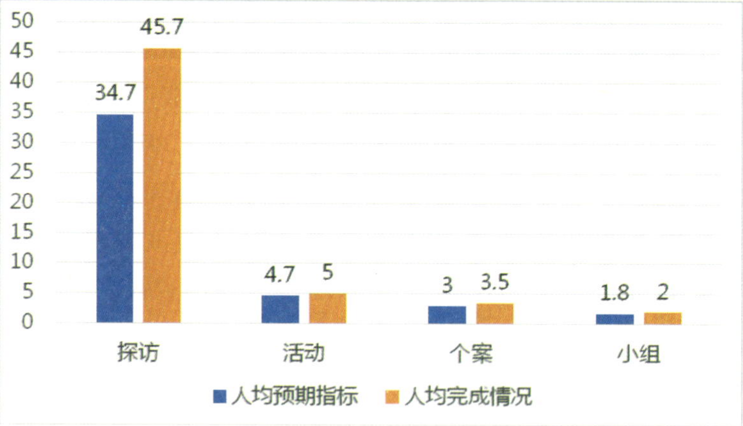

图4-27　2015—2016年度海珠区街道“妇女之家”人均服务指标完成情况

2016—2017年度中，共有2个街道“妇女之家”在自评报告中列明了探访指标完成情况，其中，探访指标量为309户，实际完成289户，指标完成率达94%，平均每个项目指标量为155户，实际完成145户。

在个案服务指标方面，共有9个街道“妇女之家”项目列明了相应的指标完成情况，其中，个案指标量为61个，实际完成70个，完成率为115%；平均每个项目的个案指标量为7个，实际完成8个。

在小组指标方面，共有12个“妇女之家”项目列明了相应的指标完成情况，其中，小组指标量为74个，实际完成83个，完成率达112%；平均每个项目的小组指标量为6个，实际完成7个。

在活动指标方面，共有14个“妇女之家”项目列明了相应的指标完成情况，其中，活动指标量为146个，实际完成215个，完成率达147%；平均每个项目的活动指标量为10个，实际完成15个。2016—2017年度街道“妇女之家”总体服务指标完成情况如图4-28所示，平均每个项目的服务指标完成情况如图4-29所示。

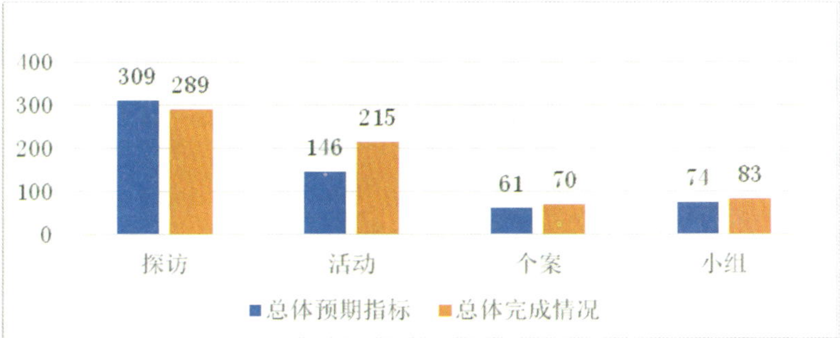

图4-28 2016—2017年度海珠区街道“妇女之家”总体服务指标完成情况

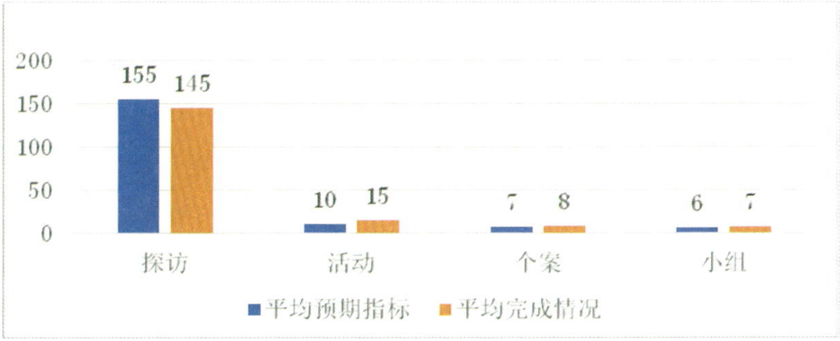

图4-29 2016—2017年度海珠区街道“妇女之家”平均服务指标完成情况

由此可见，海珠区街道“妇女之家”项目每年能够按照服务协议要求开展服务，完成了大量的探访、个案、小组和社区活动，实实在在地增强了“妇女之家”阵地的服务功能，为辖区内的妇女儿童群体提供形式多样的服务。

（四）“妇女之家”服务评估

2015—2016年度海珠区街道“妇女之家”项目接受了第三方机构评估，该年度的评估结果主要划分为“不合格”“合格”“良好”和“优秀”四个等级，其中，获得“合格”的项目有5个，占33%；获得“良好”的项目有6个，占40%；获得“优秀”的有4个，占27%。在区妇联和地区妇联的指导下，该年度所有“妇女之家”项目都能够按照协议要求开展，没有项目获得“不合格”的结果，并有4个项目获得“优秀”。

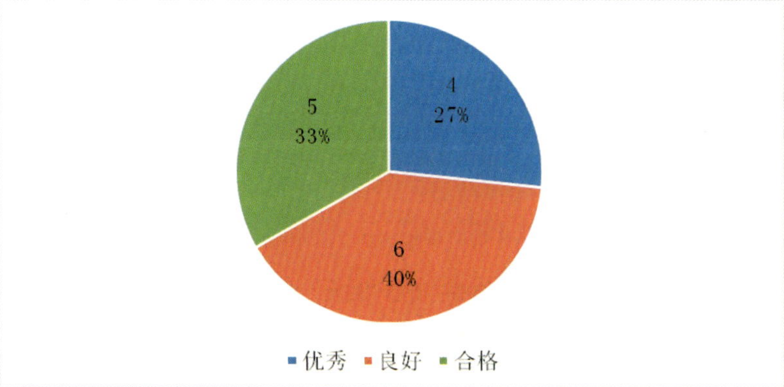

图4-30 2015—2016年度海珠区街道“妇女之家”评估等级

2016—2017年度海珠区各街道“妇女之家”项目采用了CIPP形成性评估模式，主要从背景评估（C）和输入评估（I）、过程评估（P）、成效评估（P）及财务管理评估四个方面对项目进行评估，评估总分为1000分，不再划分评估等级。该年度各街道“妇女之家的”平均评估得分784.9分，其中，700分以下、700—750分、751—800分、801—850分、850分以上的各有1家、0家、7家、4家、3家，分别对应的比例是7%、0%、47%、27%、20%，大多数项目能够得到较高的评估得分，“妇女之家”项目从设计、实施到成效彰显都得到了第三方专业评估机构的肯定。

总的来说，地区妇联作为街道“妇女之家”项目的经办者、管理者与实施者，有力推动了“妇女之家”的建设发展，根据街道实际情况与项目承接机构共同设计项目内容，形成了“一家一特色”的服务格局，并在项目运作过程中提供支持与进行监管，使项目能够更有效地开展探访、个案、小组、社区活动等服务，项目运作情况也得到了第三方评估机构的肯定。

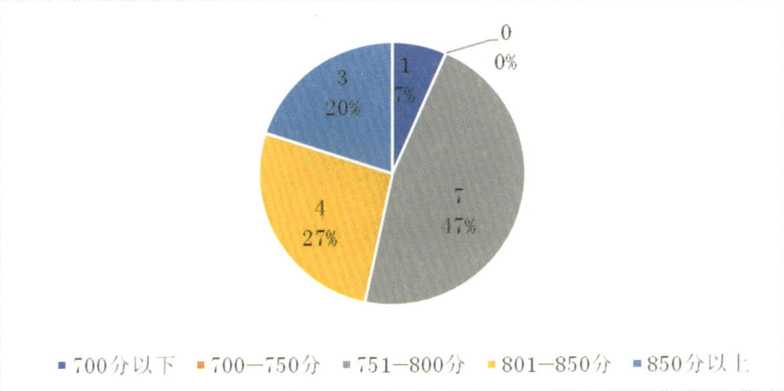

图4-31 2016—2017年度海珠区街道“妇女之家”评估分数

三、社会组织联盟服务，协同运作专业项目

社会治理创新要求政府和群团组织更好地发挥社会力量的作用，鼓励和支持各方参与，而2014年7月召开的全国妇联第十一届三次常委会议提出要积极构建内外资源有效整合各方力量联手推动的社会参与机制，可见新时期妇联工作需要更广泛地借助社会力量，共同发展妇女服务。海珠区妇联自2012年开始探索“妇女之家”社会化、项目化运作以来，积极引入民办社工机构力量承接服务项目，在2016—2017年度中，共有10间民办社工机构承接了1个区级“3861我的家”项目和17个街道“妇女之家”项目。在此背景下，海珠区妇联推动成立了“海珠区妇女儿童社会服务联盟”，协同运作“妇女之家”专业项目。

（一）联盟交流与合作

海珠区“妇女之家”示范点的建设吸引了一大批民办社工机构的加入，这些机构各有优势、各有所长，海珠区妇联希望能够更好地整合机构力量，发挥各自所长，共同推动海珠区妇女儿童服务的发展。因此，海珠区妇联打造了“海珠区妇女儿童社会服务联盟”。在该联盟的建设蓝图中，承接“妇女之家”项目的民办社工机构不仅是彼此独立各自开展服务的主体，而且是能够进行互帮互助、合作共赢的伙伴。在海珠区妇联的推动下，“海珠区妇女儿童社会服务联盟”将民办社工机构与海珠区“妇女之家”项目点整合起来，让各项目承接机构能够在这个平台上互相支持、转介合作、共享资源、良性竞争、相互促进、开拓视野，从而更好地发挥服务联盟的整体作用。

在“海珠区妇女儿童社会服务联盟”的建设中，各有亮点的民办社工机构是一颗颗社会服务领域的“明珠”，而海珠区妇联则发挥着“一条红线”的作用，将明珠贯穿成一条美丽的项链，从而保持海珠区妇联在妇女儿童工作上的指导和引领的作用，并发挥妇联与各政府职能部门沟通联系的优势，让更多的部门看到民办社工机构的优势和能力。另一方面，服务联盟的打造能够发挥区妇联在群众中和社会上的影响力，通过组织媒体的宣传报道、组织群众参与各机构开展的活动等形式，让各民办社工机构的服务品牌更加深入人心。

具体来说，“海珠区妇女儿童社会服务联盟”主要通过三种形式促进民办社工机构之间的交流与合作：一是举办项目交流会，邀请承接海珠区“妇女之家”项目的机构及项目社工共聚一堂，为联盟发展和项目推进出谋划策，交流服务经验和资讯，分享自身资源和优势，相互促进提升；二是合作开展服务活动，各机构可根据不同项目点的服务内容进行优势互补和资源共享，合作开展妇女儿童服务，例如，海珠区妇联于2017年暑期联合8家“妇女之家”及其承接机构共同举办了“安全童行，‘宝’驾护航儿童安全倡导活动”，以联盟合作的形式合力提升了社会对儿童安全的关注度；三是汇集与推广服务资讯，各“妇女之家”项目及其承接机构利用其各自的宣传平台，定期收集并转发海珠区各“妇女之家”的服务资讯和其他推广信息，形成叠加效应，使海珠区“妇女之家”的资讯覆盖更多妇女儿童群体，提升了海珠区“妇女之家”品牌的影响力。

（二）专业社工队伍概况

建立“海珠区妇女儿童社会服务联盟”并由其承接“妇女之家”项目的最大作用在于使专业社会工作人才队伍成为了海珠区妇女儿童服务的重要力量，使掌握社会工作、心理学、社区管理等专业知识与技能的社工进入到“3861我的家”和街道“妇女之家”的一线服务岗位上，以其专业能力为广大妇女儿童群体提供优质服务，不仅解决了“妇女之家”建设的人手问题，更显著提升了服务的专业化水平。接下来，本节将对海珠区“妇女之家”的专业社会工作者队伍情况进行分析。

1.人员性别

人员问卷调查共收集到了44位海珠区“妇女之家”项目社工的资料，在这44位社工中，男性共有7人（占15.91%），女性共有37人（占84.09%），男女比例约为1:5。

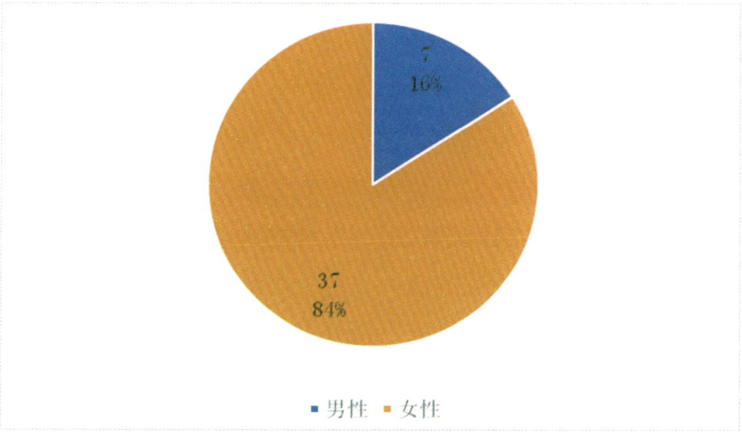

图4-32 海珠区“妇女之家”项目社工的性别情况

2.人员年龄

人员问卷调查数据显示，海珠区“妇女之家”项目社工的平均年龄为27岁，其中20—23岁年龄段的社工有10人，占总数的23%；24—27岁年龄段的社工有17人，占总数的39%；28—31岁年龄段的社工有13人，占总数的29%；另外还有4名社工年龄在32岁及以上，占总数的9%。

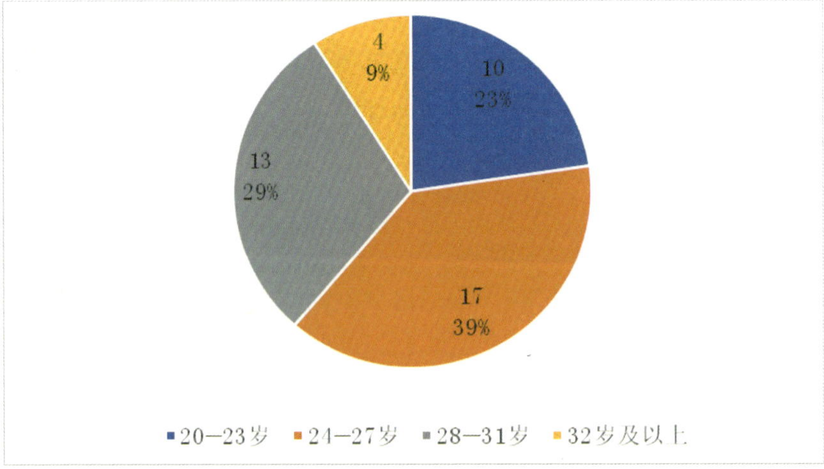

图4-33 海珠区“妇女之家”项目社工的年龄

3.专职社工与兼职社工人数及比例

在这44位项目社工中，专职社工共有30人，占68.18%，兼职社工共有14人，占31.82%。由此可见，海珠区“妇女之家”项目社工以专职人员为主、以兼职人员为辅，其中，兼职社工主要为“妇女之家”所属街道家庭综合服务中心（以下简称“家综”）的家庭部社工，这样的人员构成既能够保证专职社工对项目运作和服务开展投入足够的精力，也能吸纳一部分来自家综的社工参与“妇女之家”的工作，使“妇女之家”更好地与家综进行联动与合作，共同为辖区内的妇女儿童群体提供服务。

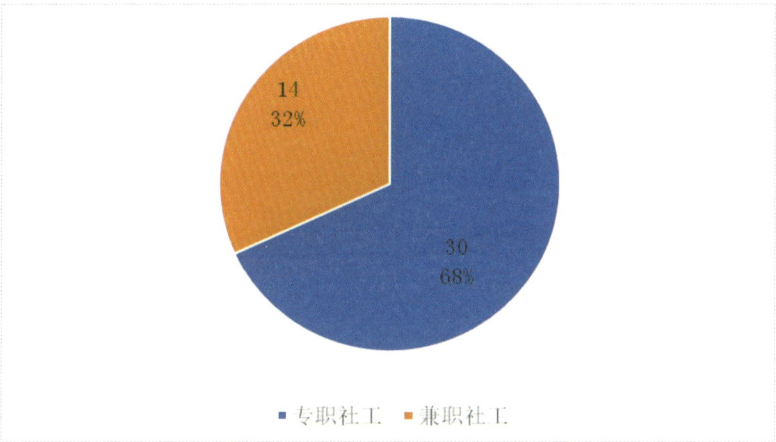

图4-34 海珠区“妇女之家”专职社工与兼职社工人数及比例

4.服务岗位

在填答了岗位信息的44名“妇女之家”项目社工中，有15人担任项目主管岗位，占总数的34.09%；有16人担任一线社工岗位，占总数的36.36%；有8人担任社工助理岗位，占总数的18.18%，有5人填了其他岗位。

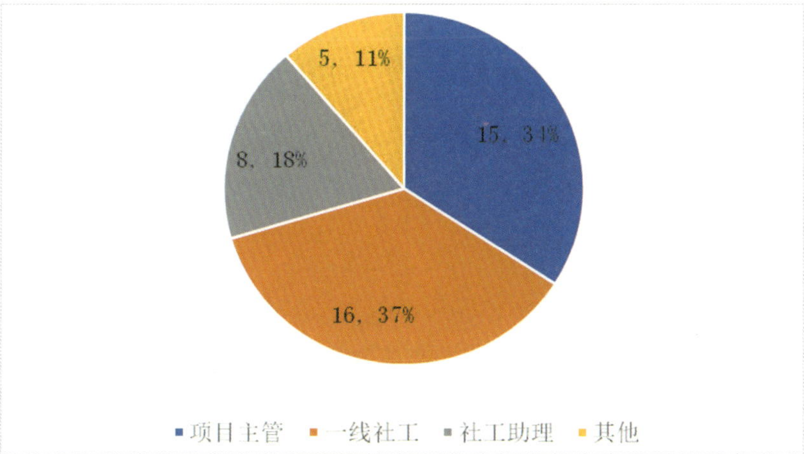

图4-35 海珠区“妇女之家”项目社工的岗位情况

5.专业教育背景

共有44位项目社工填答了专业教育背景信息，其中，毕业于社会工作专业的社工有26人，占比为59%，毕业于社会服务相关专业（如心理学、社会学、社区管理等）的社工有10人，占比为23%，非社会工作专业的社工有8人，占比为18%。

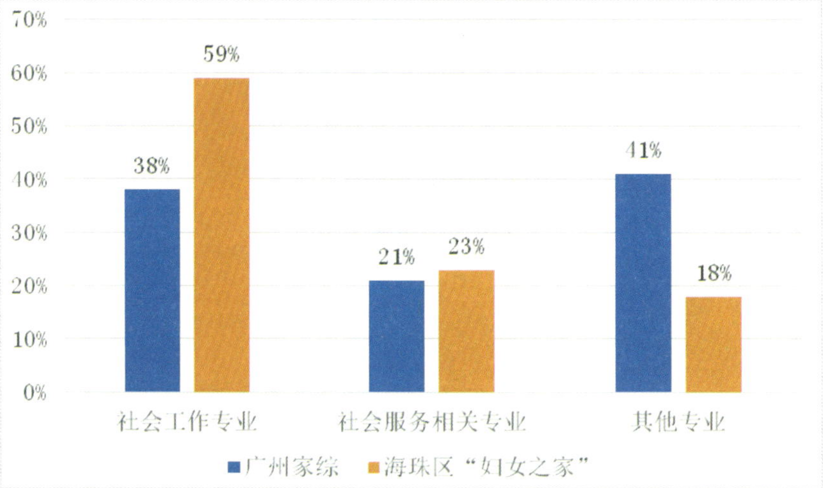

图4-36　广州家综与海珠区“妇女之家”社工专业教育背景比例

6.学历水平

在44位“妇女之家”项目社工中，大专学历以下的有2人，占比为4%；大专学历的有18人，占比为41%；大学本科学历的有22人，占比为50%；硕士研究生及更高学历的则有2人，占比为5%。

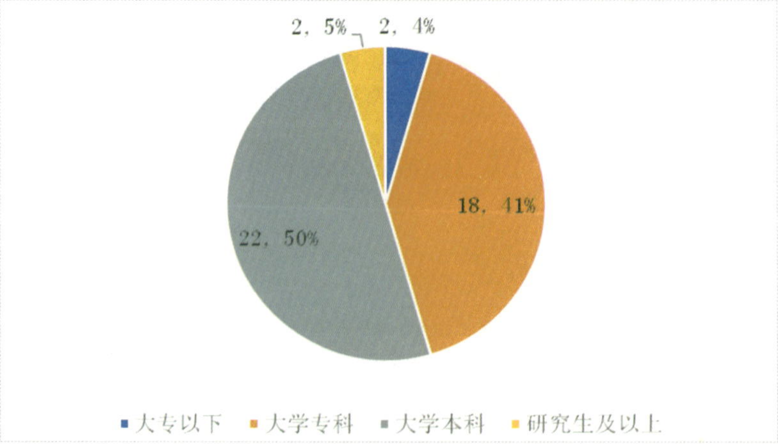

图4-37　海珠区“妇女之家”社工学历情况

7.职业证书

在44名海珠区“妇女之家”项目社工当中，24人持有的最高级社会工作职业证书是助理社会工作师，占总数的54.55%，9人持有的最高级社会工作职业证书是中级社会工作师，占总数的20.45%，11个人没有持有社会工作职业证书，占总数25%。

值得注意的是，海珠区妇联在与民办社工机构签订服务协议时，规定除了社会工作专业人员外，机构还可以根据项目需要配备律师、心理咨询师、婚姻咨询与家庭治疗师等其他专业人士。以“3861我的家”项目为例，海珠区妇联在招标文件中规定专业人员（包括心理咨询与临床心理治疗、社会工作专业、婚姻咨询与家庭治疗、法律咨询服务等方面专业人士）不少于14人，社会工作专业人员不少于10人。组建跨专业的服务团队更有利于满足妇女儿童服务对象的各种需求，丰富了“妇女之家”的服务内容。

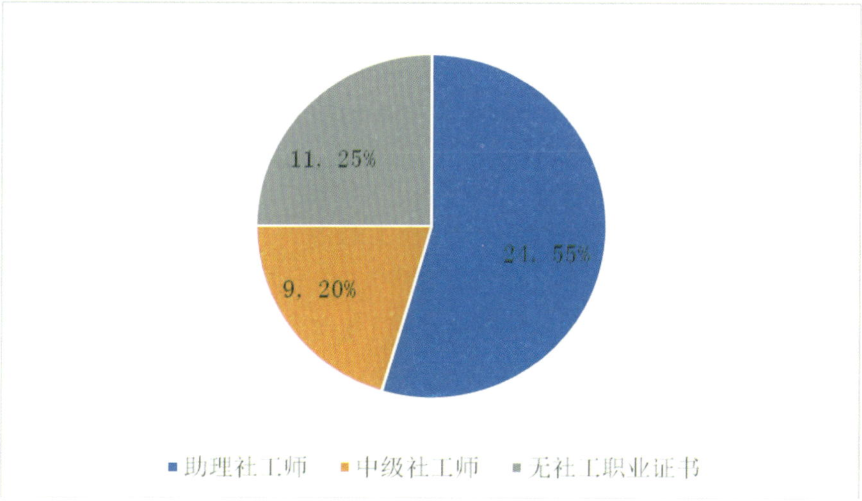

图4-38 海珠区“妇女之家”社工持证情况

8.社会工作服务经验

人员问卷调查数据显示，海珠区“妇女之家”项目社工的平均社会工作服务从业年数为3年。在填答了社会工作服务从业时间的43人中，从事社会工作服务不足1年的社工占填答者总数的16%（7人）；从业时间超过1年、不足2年的社工占33%（14人）；从业时间超过2年、不足3年的社工占12%（5人）；从业时间超过3年、不足4年的社工占16%（7人）；从业时间超过4年、不足5年的社工占9%（4人）；从事社会工作服务达5年或更多的社工占14%（6人）。

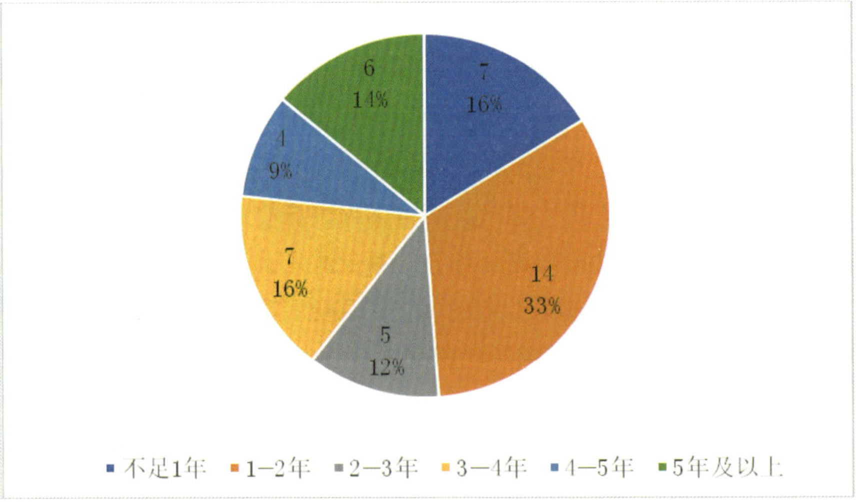

图4-39　海珠区“妇女之家”项目社工服务从业经验情况

9.督导情况

在44名海珠区“妇女之家”项目社工当中，过去一年内接受机构外聘督导（如香港督导、高校督导等）的频率情况为：19人表示一个月接受2次或更多（占43%），16人表示一个月接受1次（36%），1人表示两个月接受1次（2%），4人表示3月或更长时间接受1次（9%），4人表示没有接受过（9%）。

过去一年内接受机构内督导（如项目主管、上司等）的频率情况为：27人表示一个月接受2次或更多（61%），10人表示一个月接受1次（23%），3人表示两个月接受1次（7%），4人表示没有接受过（9%）。

过去一年内接受妇联督导（主要为地区妇联的妇干）的频率情况为：2人表示一个月接受2次或更多（5%），14人表示一个月接受1次（32%），4人表示两个月接受1次（9%），11人表示3月或更长时间接受1次（25%），13人表示没有接受过（30%）。

上述数据显示，海珠区“妇女之家”项目社工队伍能够获得非常充足的督导专业支持，基本上每月都能够接受来自机构外聘督导和机构内督导的专业指导。值得注意的是，在目前的政府购买服务项目中，购买方或主管方较少对项目社工进行服务或行政上的督导，但海珠区“妇女之家”项目社工能够得到来自区妇联和地区妇联的督导，从而使社工和妇联的沟通更加密切、有效，保证了项目能够始终紧扣妇联的理念和工作要求，并通过增强社工与妇联的互动促进服务的开展。

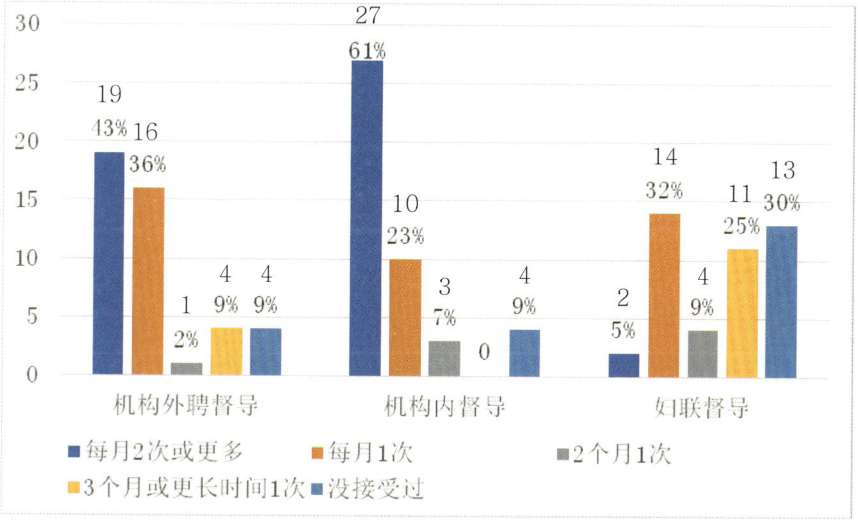

图4–40 海珠区“妇女之家”项目社工接受各类督导的频率情况

调查还发现，海珠区“妇女之家”项目社工对三类督导的督导效果总体上持肯定态度，认可督导对于协助其提升服务能力具有重大影响，说明督导专业支持有利于保证服务质量。值得注意的是，地区妇联能够对“妇女之家”社工提供一定的督导，有利于指导和协助社工开展服务。

10.专业培训

共有41名“妇女之家”项目社工填答了参与培训的次数，平均每位社工在过去的1年内接受了12次培训，其中，有17人接受过1—5次培训（42%），7人受到6—10次培训（17%），17人受到10次以上的培训（42%）。数据显示，海珠区“妇女之家”项目社工平均每年能够接受12次培训，即平均每月能够参加1次培训，专业培训机会相当充分，对社工的专业成长和服务质量的保证具有很大的促进作用。

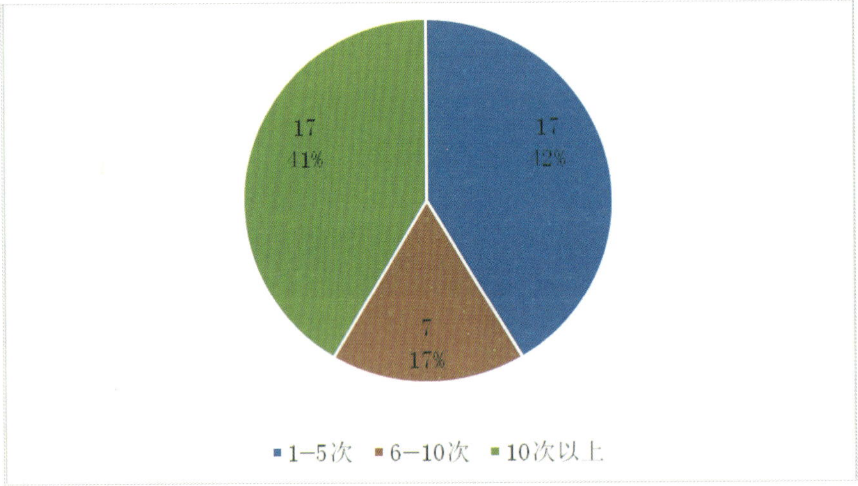

图4–41 海珠区“妇女之家”项目社工参与培训的次数情况

海珠区“妇女之家”项目社工中，32人希望未来参加社会问题分析的专业培训（占72.73%）；32人希望未来参加各类服务群体特征的专业培训（占72.73%）；28人希望未来参加实务技巧的专业培训（占63.64%）；7人希望未来参加价值观的专业培训（占15.91%），10人希望未来参加学术研究的专业培训，占22.73%，5人希望未来参加财务管理的专业培训，占11.36%，7人希望未来参加行政管理的专业培训，占15.91%，24人希望未来参加社会政策及法规的专业培训，占54.55%，4人希望未来参加其他的专业培训，占9.09%。海珠区“妇女之家”项目社工对参加社会问题分析、各类服务群体特征、实务技巧、社会政策及法规方面的培训表现出极大的需求，未来可考虑增加上述方面的培训，满足项目社工提升相应能力的需求。

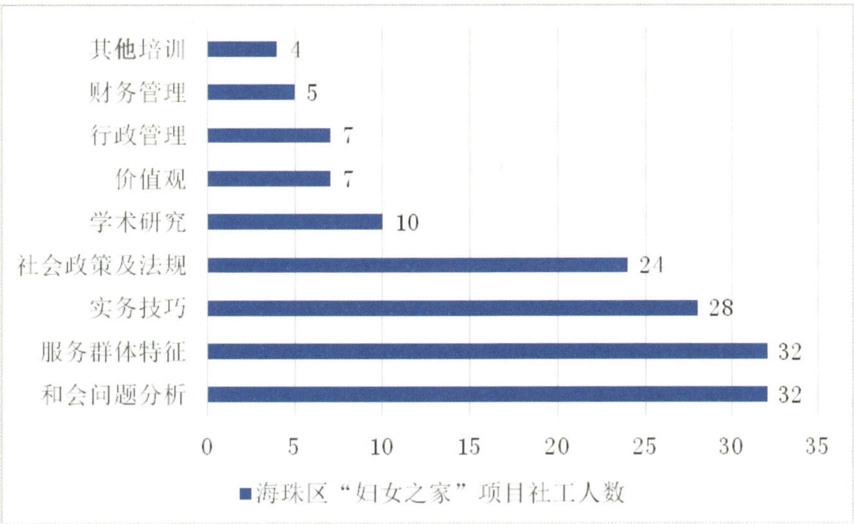

图4-42 海珠区“妇女之家”项目社工希望得到的培训类别情况

11.收入情况

海珠区“妇女之家”30名专职社工平均每月到手工资为3697元，其中，每月到手工资低于3000元的有9人（占30%），每月到手工资为3000元—4000元

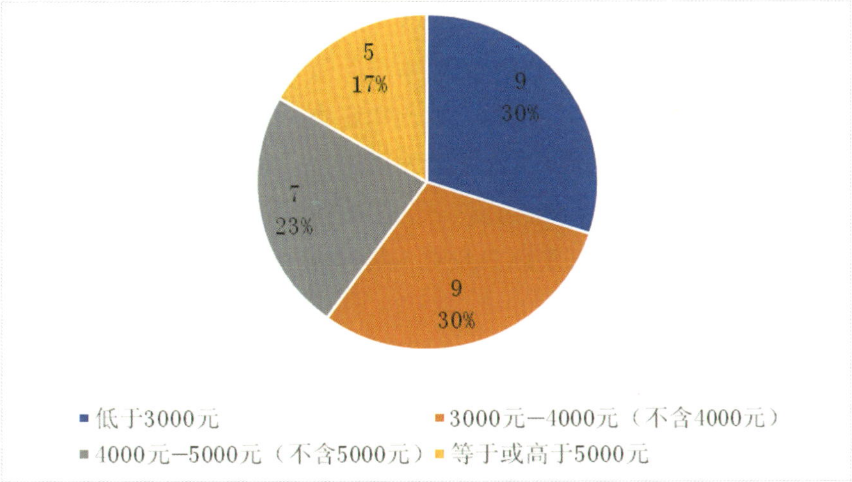

图4-43 海珠区“妇女之家”专职社工每月到手工资情况

（不含4000元）的有9人（占30%），每月到手工资为4000元—5000元（不含5000元）的有7人（占23%），每月到手工资等于或高于5000元的有5人（占17%）。

综上所述，海珠区妇联通过建立“海珠区妇女儿童社会服务联盟”，使一大批社会工作者进入到“妇女之家”的一线服务岗位上，这支社工队伍以女性为主（84%）、年轻（平均年龄为27岁）、以专职社工为主（68%）、高学历（本科及以上比例为55%）、专业能力过硬（社工专业毕业比例为59%，持有社会工作职业证书比例为75%）、服务经验相对丰富（社会服务平均从业时间为3年），并且能够得到充足的专业支持（84%的社工能够得到至少每月1次的督导支持，所有社工每年都有机会参与培训），平均每月到手收入约为3697元，这支社工队伍的参与提升了海珠区“妇女之家”的服务水平。

四、专家智库技术支持，引入先进的监管模式

为了进一步推动妇女儿童服务发展创新，协助海珠区妇联进行科学决策，海珠区妇联于2015年建立了“海珠区妇女儿童社会服务智库”（以下简称“智库”）。智库以“整合专业资源，立足海珠，服务广州，辐射全省，推动妇女儿童社会服务发展过程中存在问题的发现和解决，促进妇女儿童社会服务的科研、实务、管理运营等方面的持续协调发展”为根本宗旨，以妇女、儿童及家庭类专项服务项目为支撑，链接以广东为主的海内社会服务研究者、服务专家以及其他各类社会精英，开展服务政府、服务妇联、服务社会组织的各项社会活动。

（一）智库成员与主要职能

智库成员主要包括四类专家：一是在高等院校和科研机构从事妇女儿童研究、妇女儿童工作研究和社会服务研究的专家学者；二是从事妇女、儿童和家

庭社会服务一线工作并具有丰富经验的专业人士；三是有妇女、儿童和家庭社会服务督导、评估经验的专业人士；四是有项目管理、非营利组织管理丰富经验的专业人士。

目前，智库共有32名专家，包括：18名高等院校和科研机构的专家学者，其中具有副教授职称的专家6人，具有教授职称的专家8人；8名具备丰富的妇女儿童服务经验的专家，其中包括国家心理治疗师、资深家庭教育导师、儿童能力发展测评师等服务专家；6名具备丰富的服务项目管理及评估经验的专家，其中包括民办社工机构总监、教育集团首席执行官等高级管理人员。

智库设置三个专家组：研究专家组、服务专家组、运营管理专家组。其中，研究专家组主要负责妇女儿童研究、妇女儿童社会服务研究和成果转化；服务专家组主要负责妇女儿童社会服务的培训、督导和相关技术支持工作；运营管理专家组主要负责妇女儿童社会服务项目运营的支持工作。具体来说，智库的主要职能如表4-4所示。

“海珠区妇女儿童社会服务智库”的成立大大提升了海珠区妇女儿童服务实践和研究的深度，并能及时把课题理论研究转化为一线服务成果，为妇联决策和民办社工机构开展服务提供了重要的技术支持。

（二）CIPP评估体系

在“海珠区妇女儿童社会服务智库”的支持下，海珠区妇联还率先引入国外先进的形成性评估理念，由广东外语外贸大学社会工作系系主任刘春燕副教授领衔研究团队，结合“妇女之家”建设进行本土设计，首创海珠区“妇女之家”社会服务项目CIPP评估体系，实现了对“妇女之家”项目的有效监管和服务促进。

海珠区妇联委托第三方评估机构对“3861我的家”项目和街道“妇女之家”项目进行评估，评估主要分为四个阶段进行：第一阶段，评估专家组于项目立项后进行背景评估和输入评估，主要查看项目计划书并进行分析、讨论及反馈；第二阶段，评估专家组于项目开展期间进行执行观察和督导，不定时地根据观察到的问题进行座谈会、焦点小组和督导；第三阶段，评估专家组在项目进行到中期时对每个项目进行随访与过程评估，了解项目运作情况并进行反

表4-4 智库的主要职能

职能维度	职能简介
促进交流与合作	◆组建和发展妇女儿童社会服务人才库，搭建智库成员之间、智库与政府之间、智库与社会之间、智库与社会服务机构之间的交流平台，促进交流与合作。 ◆加强与国内外、省内外相关智库机构的联系与合作，组织、促进和参与本省的国内外学术、技术、文化交流与合作
提供决策咨询	◆发挥智库成员在人才、科学、行业和群体等领域的优势，组织成员积极参与妇女儿童社会服务发展过程中新情况、新问题的发现和新对策的研究，使智库的研究成果能够为妇联和社会服务机构的决策提供依据，积极推进妇女儿童社会服务事业的可持续发展。 ◆利用智库的人才优势，主动组织和接受各方委托，针对妇女儿童社会服务问题进行的社会调研，撰写调研报告，向政府和社会各界提供咨询服务
传播理论与实践知识	◆向政府和妇联反映智库及其成员的创新成果、工作状况和研究动向，争取相关部门的扶持、奖励和培养。积极参与和配合妇联的各项主题活动，为推动妇联建设枢纽型组织的战略做出贡献。利用各种传播媒介，为宣传推广妇女儿童社会服务的理论成果和实践经验作出贡献。 ◆利用智库的智力优势，主动组织和接受各方委托，针对妇女儿童社会服务问题进行培训、研讨、论坛等活动，向政府和社会各界提供知识服务
助推机构发展	◆发挥成员群体智力优势，组织成员与社会组织之间的广泛接触和深入交流，使智库成为社会服务机构等社会组织的外脑、智囊、思想库，帮助社会服务机构在战略、人才、技术等方面协调持续发展，为他们打造机构品牌、服务品牌做出贡献
协助项目监管	◆利用智库的智力优势，接受各方委托，对妇女儿童社会服务项目开展机构遴选、政策咨询、服务督导与评估等方面的服务

馈指导；第四阶段为末期评估，评估专家组前往每个项目点进行现场评估，采取听取自评汇报、审阅文件、面谈、焦点小组、电访、抽查等方法，听取项目团队和服务对象的意见，了解项目运作情况。

海珠区“妇女之家”项目评估运用的CIPP评估体系如图4-44所示。其中，“C”代表背景评估（Context Evaluation），评估内容包括项目的社会影响区域、需求和资源信息的收集和评估、项目立项情况及决策层对项目的认知度等。

“I”代表输入评估（Input Evaluation），评估内容包括资源投入和管理、人力投入和管理、资金投入和使用、组织保障、服务方案、男女平等价值理念的渗透和提现等。

“P”代表过程评估（Process Evaluation），评估内容包括资金投入和使用、人力投入和使用、资源投入和运用、组织保障、项目方案的执行、男女平等价值理念的渗透和体现等。

“P”代表成果评估（Product Evaluation），评估内容包括影响评价、成效评价、可持续性评价、可推广性评价、男女平等价值理念的渗透和体现等。

海珠区“妇女之家”项目评估所使用的形成性评估方法得到了项目社工的肯定，认为评估方式能够及时地反馈项目调整意见，起到陪伴项目成长、以评促建的作用，例如社工们会说：

“我觉得这个评估很好啊……因为我自己参与其他政府购买社工服务项目的评估就很多，但很多都是做完再拿过来评估，（评估专家会说）你这个不行啊，要再这样改啦，但是下一评估其他专家又会觉得这个也不行也要改，这个过程就会令社工觉得很多内容改了又改。而‘妇女之家’会在最初的时候就帮社工去做一个背景评估，会在立项的时候协助其形成整年的服务方向，会给很多指导意见，例如你可以这样设计……然后就是过程评估，当你做了一段时间之后会和你讨论这段时间遇到的一些问题，教你一些改善的方法，这个可以给社工很多指导，在过程中不断改进……我很欣赏这种形成性评估，因为它更多注重的是过程……不断给你一些指导，一些知识，一些技巧，最后形成你的服务。我觉得妇联这个形成性评估和我们督导的模式是差不多的，就是在过程中给很多的支持。”（受访者S06-01）

“我认为CIPP很好，其实它就是陪伴着项目一起成长，评估专家会跟我们解释如何践行项目评估，前期会进行项目服务思路设计的指引，在中期会做项目运营和管理方面的指导，在末期是成效的评估，这一系列项目的经历都会有专家提供支持和引导。”（受访者S01-01）

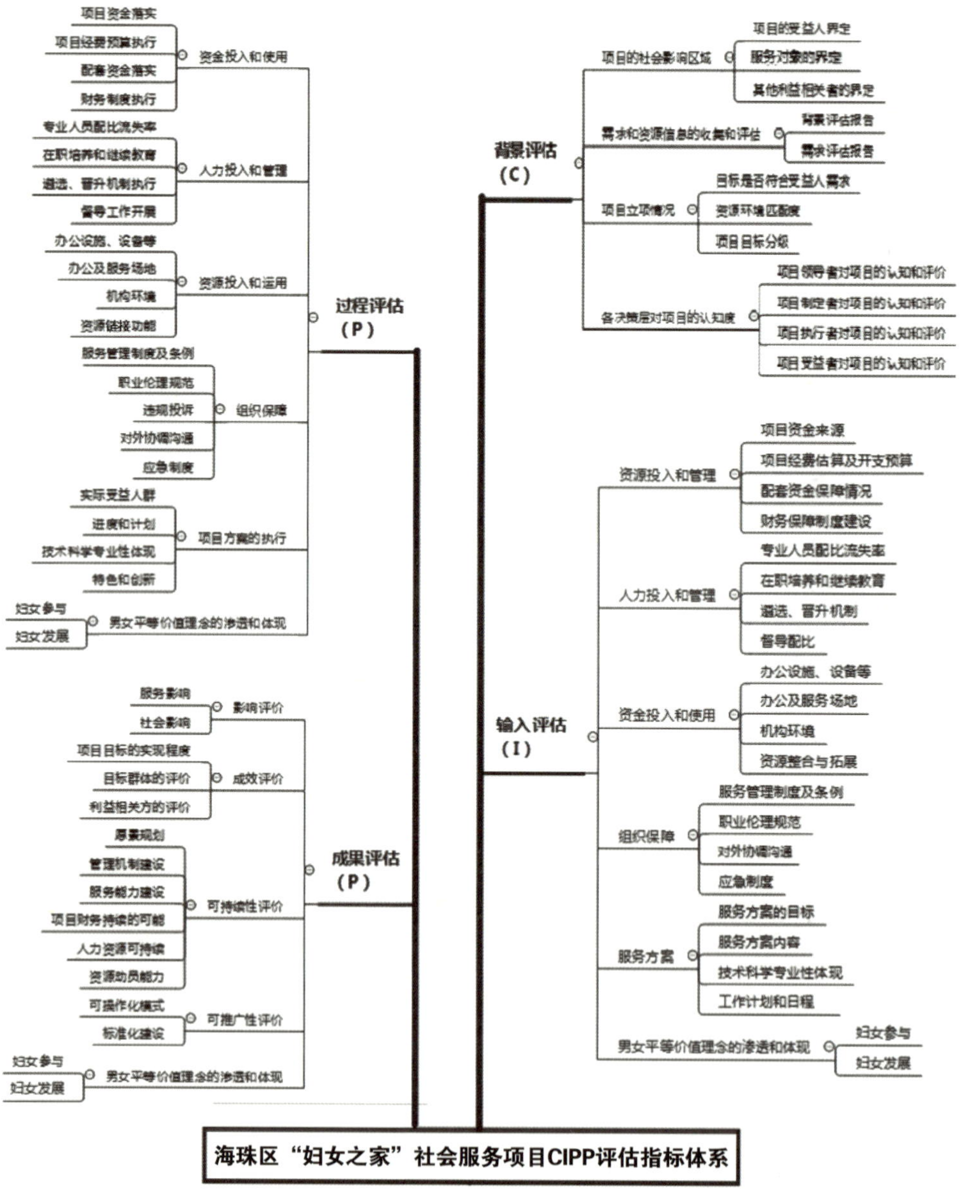

图4–44　智库的主要职能[1]

[1] CIPP评估指标体系模型版权归海珠区妇女联合会及开发的第三方机构所有。

由此可见，海珠区“妇女之家”项目的CIPP评估模式不仅能够协助妇联监管项目运作情况，更能在项目的前期、中期和末期适时提供建设性指导意见，指引“妇女之家”项目及其承接机构改善工作方法。CIPP评估模式所取得的成效也说明了“海珠区妇女儿童社会服务智库”能够真正起到技术支持的作用，有效协助妇联和项目承接机构不断提升服务水平。

五、“益家易”联动互通，实现多方融合互动

在巩固线下实体“妇女之家”服务的基础上，为了打通妇联组织联系妇女群众的“最后一公里”，紧跟互联网时代社会的发展趋势，响应全国妇联关于探索发展“互联网+”妇女工作的指示，海珠区妇联以问题为导向，以“为妇女儿童提供极致服务”为切入点，于2016年成功打造了掌上“妇女之家益家易”服务平台，该平台在海珠区妇女工作格局中发挥了重要的联动互通作用，实现了妇联、服务对象、民办社工机构与社会资源的融合与互动，推动妇女工作发展到新的阶段。

（一）“益家易”服务平台建设理念

在互联网发展的初级阶段，互联网更多只是作为一种传播媒介或工具，帮助传统行业在原有经营模式不变的基础上，将线下实体的事业做到网上去，从而拓展用户和增加销量，这种应用方式属于“+互联网”模式。而随后发展起来的“互联网+”理念则更强调突破创新，认为互联网已经不再是单纯的工具或载体，而是一种革命性的思维模式和社会生态运行体系，给企业及其他组织的用户关系、运营模式、组织架构等带来全面而深刻的变革，互联网成为一种工作和生活的新模式。为了顺应时代发展，海珠区妇联以“互联网+”思维打造“益家易”服务平台，这主要体现在“加减乘除”理念上：

首先，互联网“加”体现为多元主体，开放协作。“益家易”服务平台全面囊括了妇联组织、民办社工机构、企业、社会服务专家、服务用户等多元主体，通过扩展用户端口和搭建服务体系，有效增加了各个主体间的联系与合作，营造了互利共生的生态格局，为妇联主导下的多元合伙机制提供助推。

其次，互联网“减”意味着打破壁垒，消除边界。首先，“益家易”服务平台打破了传统妇联工作逐级传播的模式，使海珠区妇联能不再受限于组织架构，直接连接到海珠区所有的妇女儿童群体及其家庭，减少了传递层级，扩大了覆盖范围。另外，“益家易”服务平台还打破了时空限制，实现了各主体随时随地在线沟通，使服务需求方与服务供应方的对接更加便捷。

再次，互联网“乘”体现为快速传播，锻造品牌。“益家易”服务平台建基于我国用户数量最多的即时通信产品微信之上，在“互联网+”传播模式的作用下，“益家易”服务平台内容的传播速度能够呈现几何级增长，使妇联服务及工作资讯得以迅速覆盖。另一方面，“益家易”服务平台囊括的多个主体之间达成了工作互联、资源共享、用户共驻的全新局面，形成影响力叠加效应，助推妇联项目品牌的打造与传播。

最后，互联网“除”体现为细分定位，极致服务。“益家易”服务平台实现了需求调查、服务预约、线上服务、服务点评等服务过程全覆盖，从而形成妇女儿童服务大数据。妇联和社会服务联盟能够充分发挥大数据的作用，更加精准地掌握海珠区妇女儿童群体的服务需求，更加便捷地实现供需双方的信息互通和服务互动，更加及时地调整项目定位和资源投放，最终使妇女儿童群体获得更加优质的极致服务。

（二）“益家易”服务平台功能及其使用情况

“益家易”服务平台的操作页面主要由八大功能板块构成，包括“约服务”“密语屋”“福利社”“开心聊”“关于我”“多关注”“妇联联盟”和“志愿者申请”。根据平台运营商数据统计，截至2017年7月13日，“益家易”服务平台自上线以来累计用户注册人数达4251人，平台浏览量高达122，849次。“益家易”服务平台各板块的功能及累计使用数据如图4-45所示。

“约服务”功能：好体验，轻松约。用户能够通过“约服务”功能掌握和一键预约参与海珠区最新最贴心的各类妇女儿童服务项目，对服务进行分享和立即点评，及时反映服务的质量。截至2017年7月13日，平台上累计发布活动项目316个，服务项目累计参与人数达2333人。

“密语屋”功能：有心事，慢慢说。用户能够通过“密语屋”功能获取私密的表达空间，直接在线联系专家与社工，使求助变得更便捷和及时。截至2017年7月13日，密语屋累计咨询达189人次。

“福利社”功能：有福利，大家享。用户通过参加并点评服务赢取福利社的积分，并可凭相应数额的积分在“福利社”平台兑换教育课程或其他礼品。

“开心聊”功能：抒己见，明态度。用户可以通过“开心聊”功能找到自己感兴趣的话题，如妇女儿童生活及维权话题等，并能够参与讨论，抒发自己的想法，在“虚拟社区”中交往互助，结识志同道合的朋友。截至2017年7月13日，“开心聊”论坛累计发起话题98个，论坛累计参与达267人次。

“关于我”功能：主动说，促了解。通过“关于我”功能，用户能够在以下六个方面：男女平等、女性保护、女性发展、家庭生活、保护孩子、孩子成长，以填写调查问卷的形式来反馈自己的现实状况，使妇联能够及时掌握妇女儿童相关的数据和需求，从而为妇女儿童提供更贴心更完善的服务。截至2017年7月13日，参与线上服务意向及满意度调研人数达205人。

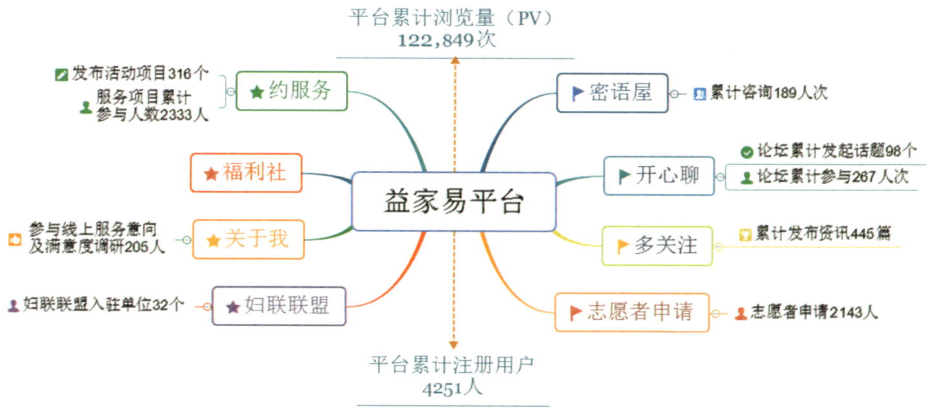

图4–45 “益家易”服务平台各板块功能及累计使用数据

“多关注”功能：新资讯，全掌握。用户可以通过“多关注”功能获取妇女儿童相关资讯和掌握海珠妇联的最新动态。截至2017年7月13日，平台累计发布资讯达445篇。

“妇联联盟”功能：用户可以通过“妇联联盟”功能发现更多与生活息息相关的平台，如女性之声、广东女性e家园、海珠发布公众号等。截至2017年7月13日，妇联联盟入驻单位达32个。

“志愿者申请”功能：通过“志愿者申请”功能，用户能够线上注册成为志愿者。截至2017年7月13日，志愿者申请人数达2143人。

（三）“益家易”服务平台的端口连接作用

2017年，海珠区妇联对“益家易”服务平台进行升级迭代，新上线的“益家易”服务平台2.0版本加强了端口连接作用，成为连接B端用户（社会服务机构、志愿者团体、企业）、C端用户（妇女儿童群体）与H端用户（以海珠区妇联为代表的妇联直属机构）的妇幼服务平台，是线上与线下、服务需求方与服务供应方之间的互动枢纽。具体来说，它帮助各个端口的用户实现了以下需求：

首先，在B端用户（社会服务机构、志愿者团体、企业）方面，“益家易”服务平台能够帮助他们延展服务范围，突破服务瓶颈。具体包括：①通过“约服务”功能发布服务信息，邀请C端用户参与服务；②通过“益家易”服务平台进行B端用户间的合作，整合资源共同开展妇女儿童服务；③通过“密语屋”功能直接对接有需要的妇女与儿童，提供即时在线服务；④通过“关于我”功能和服务点评功能等途径获取C端用户的数据；⑤通过“益家易”服务平台发布宣传推广信息，普及妇女儿童知识等。

在C端用户（妇女与儿童群体）方面，“益家易”服务平台帮助他们更便捷地获取服务，并且获得更良好的服务体验。具体包括：①通过“约服务”功能了解并预约参与海珠区的各类妇女儿童服务，并对服务进行分享和点评；②通过“密语屋”功能直接在线联系专业社工和妇联组织，使求助变得更便捷和及时；③通过参加并点评服务获取福利积分，并在“福利社”平台兑换教育课程或其他礼品；④通过“开心聊”功能参与妇女儿童生活及维权话题讨论，在“虚拟社区”中交往互助；⑤通过“多关注”功能获取妇女儿童相关资讯；⑥线上注册成为志愿者等。

在H端用户（以海珠区妇联为代表的妇联直属机构）方面，“益家易”服务平台帮助他们丰富服务资源及形式，扩大社会影响力。具体功能包括：①宣传、推广海珠区妇联工作动态及妇女儿童服务资讯；②根据服务点评情况选择更优质的合作对象，优化服务资源配置；③获取妇女儿童群体大数据，以此调整总体服务布局；④通过接入B端用户调动整合更多社会资源，提升妇女儿童服务品质；⑤为妇女儿童群体提供线上咨询维权等服务，超越时空限制覆盖更多妇女儿童群体，打造服务品牌，扩大妇联影响力等。

综上所述，“益家易”服务平台首先是一项工作理念的突破，体现了“互联网+”思维指导下的“加减乘除”效应，对妇联工作模式带来了全面的变革；“益家易”服务平台具体通过多种功能设置为妇女群体提供了丰富的服务内容和优质的服务体验，各项功能使用数据逐步增长，体现出“益家易”服务平台受到了服务对象的欢迎与认可，初步形成了服务口碑；值得注意的是，“益家易”服务平台不仅仅是将线下实体“妇女之家”的服务搬到了网上，更成为连接B端用户、C端用户和H端用户的联动枢纽，成为海珠区妇联探索“互联网+妇女工作”的重要实践。

六、小结

本章使用调研数据详细讨论了海珠区妇联工作改革模式的特点——“区妇联总体部署，地区妇联自主运作，社会组织联盟服务，专家智库技术支持，‘益家易’联动互通”。

在“海珠模式”中，区妇联发挥了总体部署的重要作用，引领“妇女之家”项目有序发展，这主要体现在阵地建设、资源汇聚、服务引导和人心凝聚方面。

首先，在阵地建设方面，区妇联推动建立了海珠区三级“妇女之家”并以“统一形象识别、统一服务理念、统一工作标准”为原则打造社会化、项目化“妇女之家”示范点，并对项目发展进行管理和引导，推动形成了“一家一特色”的服务格局，增强了“妇女之家”的阵地作用。

在资源汇聚方面，区妇联注重用好自身资源，统筹使用人均2元的人头经费成功建设了“3861我的家”、街道“妇女之家”、“益家易”服务平台等重点项目，搭建了更优质的妇女服务平台；区妇联还善用政府资源，主动作为争取财政投入，并与其他职能部门共同开展服务，为妇女服务注入更多新的力量与资源；区妇联还注重用活社会资源，鼓励“妇女之家”链接社会资源，丰富服务内容。

在服务引导方面，区妇联以“代表和维护妇女权益，促进男女平等”为理念引导“妇女之家”及项目社工开展性别平等建设、妇女保护、妇女能力建设、儿童保护、婚姻家庭建设五大板块的服务，个案服务数据显示，海珠区“3861我的家”和街道“妇女之家”能够通过各类介入方法协助妇女儿童群体解决其所面临的种种问题，在微观服务中落实宏观的妇联理念与中观的五大板块任务，从而增强服务的“妇联味道”，提升“妇女之家”凝聚妇女、服务妇女的作用。

在人心凝聚方面，海珠区“3861我的家”和街道“妇女之家”项目覆盖了包括一般妇女、困境妇女、一般儿童、流动儿童等服务目标群体，而个案服务也涵盖了不同年龄层、经济情况和需求情况的妇女群体，且个案对象以主动求助为主（占75%），可见海珠区妇联通过建设“妇女之家”阵地，扩大了与妇女群体的接触面，使“妇女之家”的服务覆盖广大妇女儿童群体，增强了妇联组织的吸引力、凝聚力和影响力。

在“海珠模式”中，地区妇联发挥了自主运作的作用，充分发挥其“亲近妇女、了解妇女”的天然优势，作为街道“妇女之家”项目具体的经办者、管理者与实施者，参与了“妇女之家”项目的需求评估、机构评选、服务支持、项目监管等环节，有力推动了“妇女之家”项目的建设发展。

在“妇女之家”的服务内容方面，海珠区街道“妇女之家”能够提供涵盖单亲家庭帮扶、困境妇女帮扶、婚恋服务、家庭教育、家庭关系协调、特殊儿童服务、儿童安全、流动儿童服务、儿童能力建设、健康能力提升、领袖能力培养、育儿能力提升、外来妇女支持等服务，形成了“一家一特色”的服务格局；在“妇女之家”的项目经费方面，2016—2017年度街道“妇女之家”能够获得充足的项目经费保障（平均每个项目为18.99万元），其中自筹经费占到32%，社会资源链接能力不断提升；在服务产出量方面，2016—2017年度区级“3861我的家”和每个街道“妇女之家”平均能完成145个探访、36个个案、9个小组和17个社区活动，为辖区内的妇女儿童群体提供了大量形式多样的服务；在评估结果方面，2015—2016年度街道“妇女之家”都能获得“合格”以上的评估登记，2016—2017年度的形成性评估得分也相对较高，获得800分以上的项目达到了7个，占47%。在地区妇联的参与和支持下，各街道“妇女之家”能够有序运作，不断提升服务水平。

在“海珠模式”中，社会组织发挥了联盟服务的作用，协同妇联运作“妇女之家”项目。2016—2017年度海珠区共有10间民办社工机构承接了1个区级“3861我的家”项目和17个街道“妇女之家”项目，使社会工作专业人才队伍进入“3861我的家”和街道“妇女之家”的一线服务岗位上，以其专业能力为广大妇女儿童群体提供优质服务，不仅解决了“妇女之家”建设的人手问题，更显著提升了服务的专业化水平。

整体来说，海珠区“妇女之家”的专业社工队伍以女性为主（84%）、年轻（平均年龄为27岁），以专职社工为主（68%），学历高（本科及以上比例为55%），专业能力过硬（社工专业毕业比例为59%，持有社会工作职业证书比例为75%），服务经验相对丰富（社会服务平均从业时间为3年），并且能够得到充足的专业支持（84%的社工能够得到至少每月1次的督导支持，所有社工每年都有机会参与培训），可见社会组织和专业社工人才队伍的引入有效提升了海珠区“妇女之家”的服务水平。

在“海珠模式”中，专家智库发挥了技术支持的作用。在海珠区妇联的积极组建下，“海珠区妇女儿童社会服务智库”以“整合专业资源，立足海珠，服务广州，辐射全省，推动妇女儿童社会服务发展过程中存在问题的发现和解决，促进妇女儿童社会服务的科研、实务、管理运营等方面的持续协调发展”为根本宗旨，以妇女、儿童及家庭类专项服务项目为支撑，链接以广东为主的海内社会服务研究者、服务专家以及其他各类社会精英，开展促进交流与合作、提供决策咨询、传播理论与实践知识、助推机构发展、协助项目监管等技术支持服务。

在“海珠区妇女儿童社会服务智库”的支持下，海珠区妇联还率先引入国外先进的形成性评估理念，结合“妇女之家”建设进行本土设计，首创海珠区“妇女之家”社会服务项目CIPP评估体系，实现了对“妇女之家”项目的有效监管和服务促进。该评估模式得到了“妇女之家”项目社工的高度肯定，认为其克服了其他评估模式对服务不了解、反馈不及时的缺点，能够持续性地提供指导，支持项目发展，实现以评促建、以项目带动服务、以评估培养人才的效果。由此可见，“海珠区妇女儿童社会服务联盟”能够真正起到技术支持的作用，有效协助妇联和项目承接机构不断提升服务水平。

在“海珠模式”中，“益家易”服务平台发挥了联动互通的作用，实现了妇联、服务对象、民办社工机构与社会资源的融合与互动，促发了“互联网+”时代下妇联工作的全面革新。

在建设理念方面，“益家易”服务平台以“互联网+”思维为指导，体现了“加减乘除”效应：“加”即为“多元主体，开放协作”，营造了互利共生的生态格局，为妇联主导下的多元合伙机制提供助推；“减”即为“打破壁垒，消除边界”，减少传递层级，突破时空界限，扩大了覆盖范围，实现了各主体随时随地在线沟通；“乘”即为“快速传播，锻造品牌”，借助“互联网+”传播模式使妇联服务及工作资讯得以迅速覆盖，并形成影响力叠加效应，助推妇联项目品牌的打造与传播；“除”即为“细分定位，极致服务”，发挥大数据优势，精准掌握服务需求，及时调整项目定位和资源投放，提供极致服务。

在功能板块方面，“益家易”服务平台的操作页面涵盖了“约服务”“密语屋”“福利社”“开心聊”“关于我”“多关注”“妇联联盟”和“志愿者申请”八大功能板块。根据平台运营商数据统计，截至2017年7月13日，“益家易”服务平台自上线以来累计吸引关注人数达63,364人次，线上预约2400人次，线上咨询1282人次，点击量135,721人次。各功能板块使用次数不断增加，“益家易”服务平台受到妇女群众的欢迎和认可，逐渐形成良好的口碑效应。

在端口连接方面，“益家易”服务平台成为连接B端用户（社会服务机构、志愿者团体、企业）、C端用户（妇女儿童群体）与H端用户（以海珠区妇联为代表的妇联直属机构）的妇幼服务平台，成为线上与线下、服务需求方与服务供应方之间的互动枢纽。它帮助B端用户延展服务范围，突破服务瓶颈；帮助C端用户更便捷地获取服务，获得更良好的服务体验；帮助H端用户丰富服务资源及形式，扩大社会影响力。

总的来说，海珠区妇联经过三个阶段的改革飞跃，形成了以“区妇联总体部署、地区妇联自主运作、社会组织联盟服务、专家智库技术支持、‘益家易’联动互通”为特点的妇联改革“海珠模式”，全面革新了妇联组织的工作模式，其改革经验和模式特点具有很高的启发与借鉴意义，本书下一章将进一步讨论“海珠模式”对妇联改革的启示。

PART 5

“海珠模式”的启示与意义

本报告第四章详细描述了海珠区妇联工作的“区妇联总体部署、地区妇联自主运作、社会组织联盟服务、专家智库技术支持、‘益家易’联动互通”的运作模式。通过分析可见，“海珠模式”在紧跟顶层设计落实改革措施的同时，更是探索出了一系列妇联工作创新特色，与本报告第一章介绍的三种妇女工作模式相比，海珠区妇联工作改革的“海珠模式”在妇联角色、工作主体、资金情况、服务对象、服务内容、资源链接、服务模式和方法、服务监测与评估、互联网平台建设等维度展现出了卓有成效的创新性模式和工作优势，并回应了妇联组织改革的要点，为其他妇联组织单位的工作改革提供了启示。本章将结合“海珠模式”的特点，分别讨论“海珠模式”对妇联购买社会工作服务以及对妇联组织改革的启示。

一、“海珠模式”对妇联购买社会工作服务的启示

（一）妇联角色：总体部署，主导工作

在工青妇等群团组织探索参与社会治理创新的过程中，海珠区妇联于2012年创造性地引入社会力量和专业社会工作方法开展妇女工作，设立了全广州市第一个区县级妇联购买社工服务项目——“3861我的家”妇女儿童服务项目，借助社会工作对妇女工作进行专业化、社会化、项目化再创造。与此同时，各地各级群团组织亦开始日益注重通过购买社会工作服务的方式提升工作能力和服务水平。但在实践中，群团组织单位在引入社会工作专业力量开展社会服务项目时常常出现群团组织主导作用弱化的误区，具体体现为以下几个方面：

首先，部分单位把群团工作当成社会服务，弱化了群团工作的政治性、群众性与先进性。购买社会工作服务最早应用于民政领域，属于社会福利服务，旨在帮扶弱势群体、提升群众福利。与社会服务不同，群团工作带有鲜明的政治性色彩，如妇联是“中国共产党领导下的人民团体，是党和政府联系妇女群

众的桥梁和纽带，是国家政权的重要社会支柱单位”[1]，政治性、群众性、先进性是妇联组织重要的使命担当，这反映出群团工作与社会服务有着根本不同。但部分群团组织单位在参与社会治理创新、购买社会工作服务时容易把自身工作等同于社会服务，没有意识到社会服务只是群团组织工作的一个方面，对项目的定位有所偏差。

其次，部分单位弱化了对群团工作阵地和服务项目的指导和监管。部分群团组织单位容易出现把工作阵地交给民办社工机构等社会组织的误区，只对项目提供资助，而对项目理念、项目内容、工作方式、工作成效等放任不管或仅有部分监管，成为“甩手掌柜”，既导致购买项目的质量有所欠缺，也造成购买项目的群团理念色彩弱化，群团工作变成单纯的社工服务，没能起到强化群团工作阵地的作用。

最后，部分单位忽视了项目运作过程中群团工作理念的指导作用。随着群团组织与社会组织合作的深化，两者间互相影响也日益加强，但目前在合作中更强调群团组织要引入和学习社会组织的工作理念与方法，很少提及社会组织需要学习、理解群团工作理念并围绕群团组织的使命开展工作，以至于有部分群团组织单位照搬社会组织的一套理念和方法，忽视了对自身工作传统与工作优势的坚守，甚至出现“外行指导内行”的情况，群团组织对项目的主导作用受到弱化。

针对上述常见误区，海珠区妇联清醒地认识到群团组织在参与社会治理创新、探索社会化项目化专业化发展的过程中必须始终以妇联为主导，清晰划分群团工作与社会服务的区别，坚持妇联工作的政治性、群众性与先进性；强化对妇联购买服务项目指导与监管，注重突出“妇联味道”，巩固妇联工作阵地；在引入社会组织力量时强调“以我为主、为我所用”，注重借助社会组织的力量开展工作而非把妇联工作交给社会组织，并注重在工作中进行妇联工作理念教育与渗透。

[1] 中华全国妇女联合会，中华全国妇女联合会章程，2013，网址链接为：www.women.org.cn/col/col12/index.html

海珠区妇联的主导者作用体现为整体项目的理念、布局、服务内容、项目监管、合作关系、资源调动等方面都坚持由妇联主导，使项目运作不偏离妇女儿童群体的需求与妇联组织的使命。具体来说，“妇联主导”表现为以下几个方面。

1.在项目理念上始终坚持妇联主导

各级“妇女之家”项目工作的基础是党领导下的妇女工作，“妇女之家”项目坚持妇联组织“代表和维护妇女权益、促进男女平等”的基本职能，突出“政治性、群众性、先进性”的使命担当，依据《中华全国妇女联合会章程》开展性别平等建设、妇女保护、妇女能力建设、儿童保护、婚姻家庭建设五大板块服务。

以区级“3861我的家”为例，项目以“维护妇女权益、促进男女平等”为理念，并将该理念细化为五大服务板块的各项服务内容（如图5-1所示），从而保障了妇联理念对项目开展的指导。

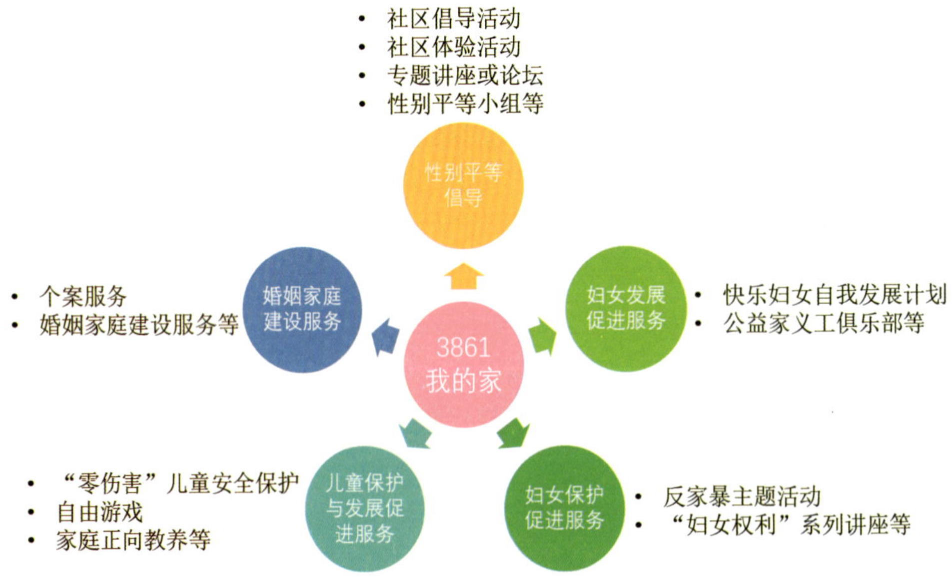

图5-1 “3861我的家”主要服务内容

另外，“妇女之家”项目是妇联组织工作的重要阵地，不能放任社会组织根据其自身的价值理念进行独立运作，尤其需要关注源于西方的社会工作价值理念在中国本土的适用性问题。因此，海珠区妇联注重加强妇联理念对项目运作的指导作用，制定《海珠区妇联“益家易”平台项目管理手册》并就项目的运作原则做出了明确规定：

“项目运作要落实党赋予妇联的历史使命和时代要求，以各级党委的指示精神来统揽妇女工作，利用政府创新支持妇女事业发展的新机制，从创建枢纽型组织的要求出发加强项目管理。”

海珠区妇联通过定期汇报、培训、工作会议等方式召集项目社工学习妇联的使命与理念，从而主导“妇女之家”项目的服务理念，强化服务的妇联味道，更好地引导妇女群众听党话、跟党走，把广大妇女群众最广泛最紧密地团结在党的周围,为夯实党执政的群众基础做出贡献。

2.在项目工作内容上坚持妇联主导

各级“妇女之家”项目服务内容的“命题权”掌握在海珠区妇联和地区妇联手中，海珠区妇联出台妇女之家服务执行手册对服务领域进行方向性的框定，地区妇联干部则根据街道实际情况自主确定服务内容，并交由承接项目的民办社工机构具体执行，从而使项目内容能够紧密切合妇联职能，精确对接所在社区妇女儿童群体的实际需求，开展性别平等建设、妇女能力建设、妇女保护、儿童保护和婚姻家庭建设五大板块的服务，打造“一家一特色”的服务品牌，覆盖广大妇女群众多样化的需求。

2016—2017年度海珠区街道“妇女之家”包括4个主要提供妇女保护服务的项目（占26%），内容涵盖单亲家庭帮扶、困境妇女帮扶等；3个主要提供婚姻家庭建设服务的项目（占20%），内容涵盖婚恋服务、家庭教育、家庭关系协调等；4个主要提供儿童保护服务的项目（占27%），内容涵盖特殊儿童服务、儿童安全、流动儿童服务、儿童能力建设等；4个主要提供妇女能力建设服务的项目（占27%），服务内容涵盖健康能力提升、领袖能力培养、育儿能力提升、外来妇女支持等。由此可见，在妇联的主导之下，各街道“妇女之家”能够紧扣妇联理念设计并开展服务项目。

五大服务板块不仅体现在服务项目的设计上，更体现在针对妇女儿童群体的个别化个案服务当中。共有289个专业个案纳入本研究分析，服务次数超过1590次；共有420个咨询个案纳入分析，服务次数超过840次。据研究，在所有专业个案和咨询个案当中，婚姻家庭建设、妇女保护、性别平等、儿童保护、妇女能力建设五大板块的个案占到了个案总数的80%以上。该数据反映出“3861我的家”和街道“妇女之家”社工能够在妇联的指导下，在微观层面的个案服务中落实中观的5大板块服务内容，使服务能够紧扣宏观的妇联理念与职能。

3.在项目管理上坚持妇联主导

目前，在大多数政府或群团组织购买社工服务项目中，承接项目的民办社工机构在整个项目运作过程中是完全独立的，只需要依靠自身专业能力独立地开展服务，强调其独立性和专业性。而海珠区妇联的“3861我的家”项目和街道“妇女之家”项目则不同，它既尊重民办社工机构在具体服务开展过程中的专业性和独立性，又强调机构要在项目运作上接受妇联的管理，学习和体现群团组织的理念和方法，围绕妇联使命配合开展相关工作，根据妇联工作部署及时调整项目内容，协同地推进妇女服务。

在项目设计中，海珠区妇联经过前期调查、实地考察和座谈研讨，起草并通过了《海珠区“妇女之家”示范点建设工作意见》，对基层妇女之家示范点建设的目标、思路、内容、运作模式与考核方法等进行了总体部署，以统一标准打造服务品牌，做到“统一形象识别、统一服务理念、统一工作标准”，后又主持开展了整体需求评估、服务规划、服务评估和机构引进等工作，从而参与并主导了“妇女之家”项目的建设。

在实际操作中，《海珠区妇联“益家易”平台服务项目管理手册》制定了妇女之家项目运作的管理流程（如图5-2所示），可以看出妇联在项目从

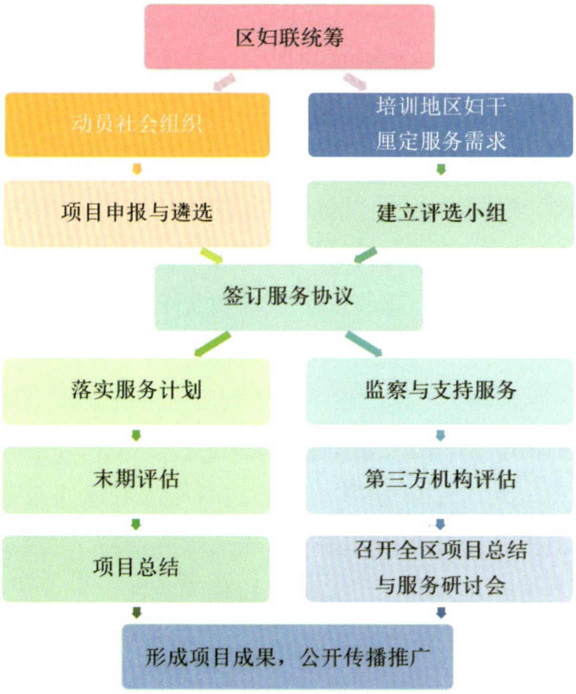

图5-2 “妇女之家”项目管理流程

立项到结项全过程始终发挥着重要的管理作用，避免成为购买社工服务的“甩手掌柜”，从而提升了妇联参与社会治理创新的水平。

（二）工作主体：妇联主导，多方协同

在常规妇女工作模式、特色妇女工作模式当中，工作主体主要是基层妇联组织和妇代会，尽管他们有着熟悉社区和妇女群众的“天然优势”，但却在工作中面临着以下不足：①工作主动性不高，工作技能不足，服务内容缺乏新意；②基层妇联缺乏专职干部，妇联干部往往要兼顾计生、民政、残联等其他部门的工作，角色不明确，主业不突出，妇女工作甚至被边缘化；③工作质量与个人因素紧密相关，妇女工作开展水平参差不齐；④工作自主性不强，难以保证妇女工作的连续性和质量等。

社工介入妇女工作模式的工作主体则主要是民办社工机构和社会工作者，妇联主要是作为合作伙伴参与其中，对服务的参与相对较少，导致服务内容未能紧扣妇联理念，部分服务项目甚至较少涉及妇女群体，没能更充分地发挥妇联组织的优势。

而“海珠模式”则探索出了“区妇联总体部署、地区妇联自主运作、社会组织联盟服务、专家智库技术支持、‘益家易’联动互通”的多方协作模式，壮大了海珠区妇女服务联盟，既改善了常规妇女工作模式和特色妇女工作模式中基层妇联干部服务能力不足的情况，也改善了社工介入妇女工作模式中妇联参与不足的情况，还为妇女工作搭建了专家智库支持网络和“互联网+”平台，从而保障了参与各方的协同配合与项目的顺畅运作。

如图5-3所示，在“海珠模式”当中，海珠区妇联主要发挥着“总体部署”的作用，通过规划、购买、管理妇女儿童服务项目，落实政府有关妇女儿童的福利政策，传达党的声音，切实履行妇联政治性、先进性、群众性的使命担当，“总体部署”作用具体体现在阵地建设、资源汇聚、服务引导、人心凝聚等方面。在区妇联的指导下，地区妇联发挥着“自主运作”的功能，根据所在街道实际情况和服务群体特色自主确定“妇女之家”项目内容。社会组织作为区妇联服务落地的抓手，发挥着“联盟服务”的作用，以联盟形式推进海珠区妇女儿童服务发展，专业社工机构具体承接开展“妇女之家”的各项服务，专业社工人才队伍进入“妇女之家”一线服务岗位提升了服务的专业性。而海珠区妇女儿童社会服务智库则为“妇女之家”项目运作提供“技术支持”，通过服务监测与评估协助提升“妇女之家”项目的服务水平，通过评估服务成效回应区妇联财政投入的绩效考核。此外，“益家易”服务平台发挥着“联动互通”的作用，成为线上与线下、服务需求方与服务供应方之间的互动枢纽，推动了海珠区“互联网+妇女工作”的探索发展。

值得注意的是，海珠区妇联不仅仅是资助彼此独立的“妇女之家”项目，更是注重整合各方资源，搭建海珠区整体的妇女儿童服务体系，将三级“妇女之家”分别定位为龙头引领、资源链接、一线服务的功能，三者之间彼此支持、相互合作。此外，海珠区妇联还开发了掌上“妇女之家”“益家易”服务

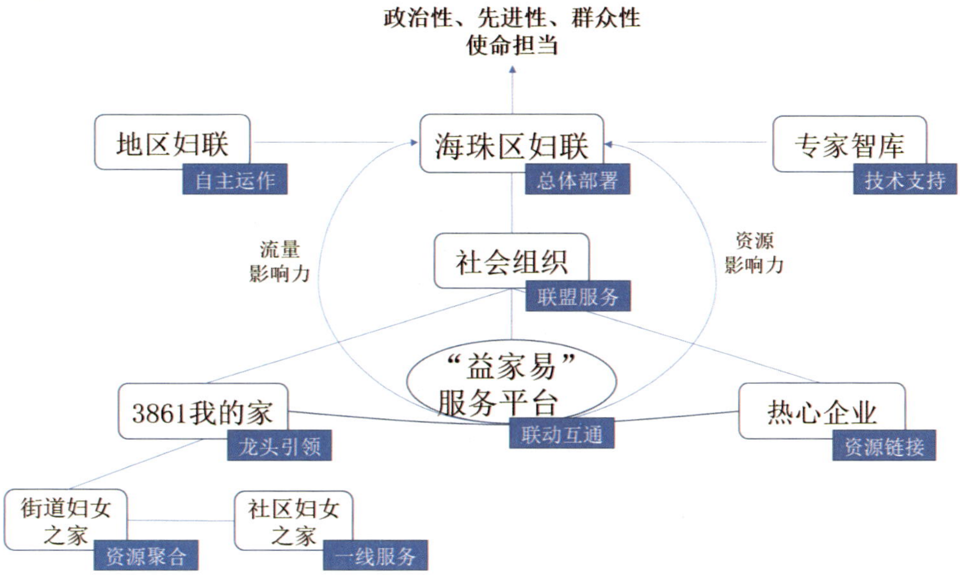

图5-3 海珠区妇联工作整体布局

平台，搭建供需对接、用户与资源互通、线上与线下服务覆盖的枢纽，形成区级中心与街道社区互通、需求与供应对接、线上与线下服务相连的海珠区妇女儿童服务体系，保障了妇女儿童服务的系统运作，从而最终更好地履行海珠区妇联政治性、群众性、先进性的使命担当。

在多方协同参与海珠区妇联工作整体布局的过程中，专业社会工作者是其中一支重要的力量。如图5-4所示，海珠区“3861我的家”及街道“妇女之家”的社会工作者平均年龄为27岁，超过一半人具有大学本科及以上学历；有55%具备社会工作专业教育背景，24%具有社会服务相关专业教育背景；55%持有助理社工师资格证，20%具有中级社工师资格证；平均服务经验为3年；能够得到充足的专业督导与培训支持。由此可见，这是一支年轻、专业性强、服务经验相对丰富的专业社会工作者队伍，能够以其专业能力协助妇联开展妇女儿童服务，丰富了“妇女之家”的服务内容，提升了服务专业性。

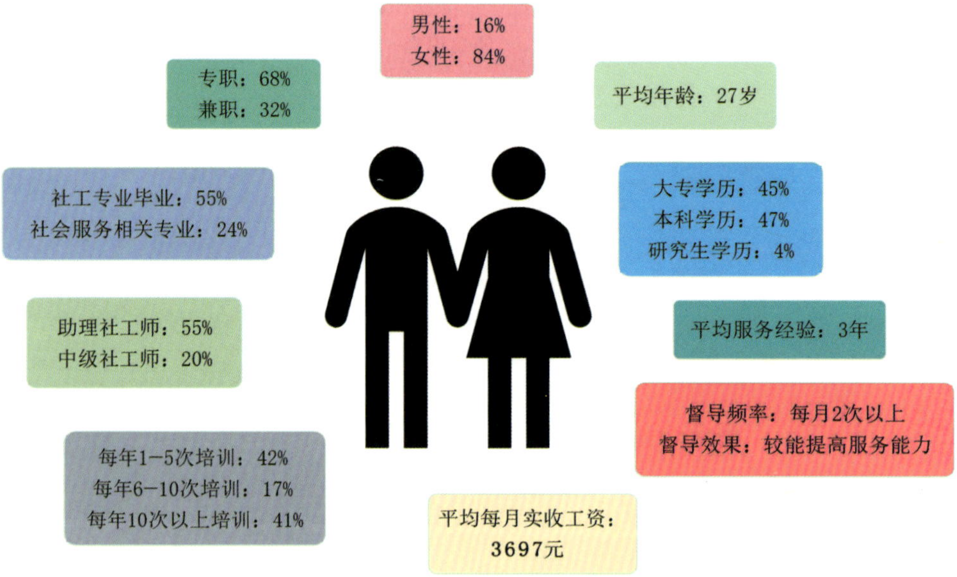

图5–4　海珠区妇女之家项目社工基本情况

（三）资金情况：主动作为，用好两种经费

在常规妇女工作模式和特色妇女工作模式当中，妇联工作开展所需资金主要来自妇联工作经费，没有政府购买社工服务的财政投入，使得妇女工作常常受制于资金和资源不足的限制，各项妇女儿童服务由于缺少持续而充足的服务经费而处于不稳定的状态。而社工介入妇女工作模式则采用政府购买服务或政府与基金会共同资助的方式筹集资金，该模式下的项目主要资助方包括省民政厅、市级妇联、街道办、基金会等，服务经费较为充足，但许多项目的资助方并非妇联，导致服务对象涵盖了长者、残疾人、青少年、企业员工等众多群体，服务内容对妇女儿童的针对性不足。

相比之下，海珠区妇联注重用好自身资源，统筹使用“5+2”的工作经费集中打造街道“妇女之家”品牌项目；海珠区妇联还主动作为，以工作改革实效争取到了区委、区政府的持续财政投入，打造了“3861我的家”和“益家易”服务平台。在保障基本运作经费的基础上，海珠区妇联成功加强了各“妇女之家”的阵地建设，全面实现妇联工作重心下移，为妇女儿童提供更加及时有效的优质服务，以资源推动形成“妇女之家”品牌效应，以品牌效应汇聚更多资源。海珠区妇联为区级“3861我的家”、各街道“妇女之家”、掌上“妇女之家”“益家易”服务平台等项目提供了充足的经费保障。

值得注意的是，海珠区妇联的工作改革成效与财政投入的增加是互为因果的关系，而其中的关键因素则是海珠区妇联人勇于自我革新的意识。海珠区妇联通过主动作为、敢想敢试，在探索各“妇女之家”建设方面取得了实效，赢得了社会各界和区委、区政府的好评，让区委、区政府意识到妇联能够实实在在地做出成绩，因而才得到了区级财政持续增加的经费投入。而区级财政的持续投入又为区妇联的工作改革提供了愈加充分的经费保障，从而推动妇女工作水平的提升。在此过程中，海珠区妇联注重用好财政经费，以改革成效回应财政投入绩效考核，实现了财政投入与改革成效之间的良性循环。

海珠区妇联通过集中统筹使用妇联工作经费、努力争取区级财政经费，七年来共投入超过2730万元，成功打造了“3861我的家”、街道“妇女之家”及“益家易”服务平台等服务品牌，不仅成功促使妇联项目经费从少到多发展，更极大地提升了全区妇女工作水平。

（四）服务对象：广泛覆盖，全面联系

根据《中华全国妇女联合会章程》，妇联组织是“全国各族各界妇女为争取进一步解放与发展而联合起来的群众组织，是中国共产党领导下的人民团体，是党和政府联系妇女群众的桥梁和纽带，是国家政权的重要社会支柱”，其基本职能是“代表和维护妇女权益，促进男女平等”。而民政部门则主要负责管理民间社会事务，包括婚姻登记、救灾救济、优抚安置、老龄工作、低保、福利、慈善、殡葬、救助等。

由此可见，民政部门更侧重于对特殊群体提供特定领域的福利性服务，而妇联则强调政治性、群众性与先进性，要发挥联系广大妇女群众的作用，不仅需要对特殊困难妇女儿童群体提供维权服务，更需要针对一般妇女群体提供性别平等、能力建设、婚姻家庭建设等方面的普惠性服务。

海珠区妇联始终注重代表和维护广大妇女群众的权益，在服务对象上做到特殊妇女儿童群体与一般妇女儿童群体全覆盖。

在街道“妇女之家”项目的服务目标群体方面，包括一般妇女（4个项目）、单亲母亲及其他困境妇女（4个项目）、一般儿童（3个项目）、农转居妇女（2个项目）、年轻母亲（1个项目）、环卫女工（1个项目）、外来妇女（1个项目）、特殊儿童父母（1个项目）、残障妇女（1个项目）、流动儿童（1各项目）等在内的各类妇女儿童群体，在项目层面实现了特殊妇女儿童群体与一般妇女儿童群体的全覆盖。

在个案服务对象方面，“3861我的家”和街道“妇女之家”的大部分服务对象为女性（84%），也有部分男性（16%），这体现出海珠区妇联资助的服务项目能够以妇女权益为重，主要面向妇女群体，但同时也重视男性在性别平等建设、婚姻维持、家庭建设当中的重要性。

“3861我的家”和街道妇女之家的服务对象年龄主要集中在30—40岁年龄段（占专业个案总数的28%，占咨询个案总数的22%）以及40—50岁年龄段（占专业个案总数的15%，占咨询个案总数的17%），但也能够覆盖其他各个年龄段的服务对象。

“3861我的家”和街道“妇女之家”的服务对象既涵盖了低保、经济困难等特殊群体，也覆盖了一般妇女儿童群体。在纳入本次调研的专业个案当中，低保有11个（占3.81%），经济困难的有15个（占5.19%），经济情况一般[1]的则有263个（占91.00%）；在纳入本次调研的专业个案当中，咨询个案中低保有13个（占3.10%），经济困难的有25个（占5.95%），经济情况一般的有382个（占90.95%）。由此可见，海珠区“3861我的家”及各街道“妇女之家”项目在个案服务层面上做到了特殊妇女儿童群体与一般妇女儿童群体的全覆盖。

[1] 服务对象经济情况分布图中“一般”涵盖经济情况良好、一般、富裕的情况。

（五）服务内容：划分板块，落实使命

在常规妇女工作模式中，妇联主要以提供一次性服务为主，包括慰问、纠纷调解、节假日活动、社区宣传活动等，这些服务部分回应了妇联使命，但服务的系统性和持续性不足，越来越难满足新时代妇女儿童群体复杂、多样的需求。特色妇女工作模式能够依托“妇女之家”阵地提供各类恒常性服务，包括兴趣培养、文娱活动、亲子教育、维权教育、扶危济困等，在常规妇女工作模式的基础上丰富了服务的多样性。但受限于兼职妇联干部自主性不强的问题，特色妇女工作模式同样面临着服务连续性和专业性难以保证的困境。社工介入妇女工作模式主要提供各类专业社会工作服务，不仅丰富了服务内容，还提升了服务专业性，但由于资助方众多，妇联对服务的主导力度不足，容易出现与妇女儿童权益无关的服务内容。

为了加强“妇女之家”项目的“妇联味道”，“海珠模式”根据全国妇联章程清晰界定出性别平等建设、妇女保护、妇女能力建设、儿童保护、婚姻家庭建设五大板块的服务内容。承接“妇女之家”项目的民办社工机构必须以妇联理念为指导设计并开展服务，从而保证既能把专业服务交给专业社工，提升了服务的专业性；同时又保证了服务项目能够落实妇联使命，避免了服务内容零散、与妇女儿童需求脱节的情况。如表5-1所示，海珠区“3861我的家”及各街道“妇女之家”项目覆盖了五大板块的服务内容，包括了单亲家庭帮扶、困境妇女帮扶、婚恋服务、家庭教育、家庭关系协调、特殊儿童服务、儿童安全、流动儿童服务、儿童能力建设、妇女就业能力提升、妇女健康能力提升、妇女领袖能力培养、育儿能力提升、外来妇女支持等紧扣妇联理念与使命的具体服务内容。

在个案服务层面，海珠区“3861我的家”项目和街道“妇女之家”项目针对婚姻家庭建设、妇女保护、儿童保护、性别平等、妇女能力建设五大服务板块的各类服务需求进行了多样化、个别化的个案工作介入。其中，性别平等建设板块共有17例个案（占个案总数的2%），主要解决的问题包括伴侣矛盾（59%）和两性关系焦虑（41%）；妇女保护板块共有51例个案（占个案总数的7%），解决的具体问题包括未婚先孕（78%）、非婚生育（8%）、伴侣暴力

表5-1 2016—2017年度海珠区社会化、项目化运作“妇女之家”名单

主要服务板块	服务范围	项目名称	主要服务内容
性别平等、妇女保护、儿童保护、妇女能力建设、婚姻家庭	全区	“3861我的家”	妇女儿童综合服务
妇女保护	滨江街	“巾帼有能，姐妹同行”社会助力困境妇女发展计划	困境妇女帮扶
	龙凤街	“自强成就美丽”家庭关爱项目	困境妇女帮扶
	江南中街	心灵驿站项目	困境家庭帮扶
	官洲街	“阳光妈妈”妇女发展计划	单亲家庭帮扶
儿童保护	南华西街	“同心护童”儿童保护计划	儿童安全教育
	南石头街	“星乐援”自闭症儿童父母支持计划	特殊儿童服务
	江海街	童学童成长项目	流动儿童服务
	赤岗街	七所社区儿童成长关护计划	儿童安全教育
	瑞宝街	“乐智天地”早期教育体验中心	儿童成长服务
妇女能力建设	华洲街	龙潭村“新凤坊”妇女能力建设项目；小洲村“织锦绣坊”妇女手工就业项目	妇女能力提升及就业服务
	素社街	“妈妈的成长港湾”妇女发展计划	妇女发展服务
	凤阳街	“同筑健康，共享城市”凤阳街道女性环卫工人自我健康管理能力提升	妇女健康能力提升
	沙园街	宝妈加油站——年轻妈妈育儿支持中心	育儿能力提升
	南洲街	“新广妈妈帮”外来妇女支持计划	外来妇女支持服务
婚姻家庭	昌岗街	“爱·回家”——新时代家庭教育项目	家庭教育
	新港街	幸福暖阳计划	婚姻家庭关系服务
	海幢街	“舒心相融”女性残疾人及其家庭照顾者支持计划	家庭支持服务
	琶洲街	“爱在琶洲”幸福女性项目	婚恋辅导服务

（8%）、伴侣性侵（4%）等；妇女能力建设板块的个案共有153例（占个案总数的20%），解决的问题包括抚养能力提升（27%）、财产纠纷（24%）、职场能力（12%）等；儿童保护板块共有60例个案（占个案总数的8%），解决的问题包括行为偏差（32%）、学业问题（25%）、情绪问题（25%）、儿童虐待

（18%）等；婚姻家庭建设板块共有347例个案（占个案总数的45%），解决的问题包括夫妻关系矛盾（71%）、亲子关系矛盾（8%）、婆媳关系矛盾（8%）和其他家庭关系矛盾（13%）等。

针对上述各类服务需求，海珠区“3861我的家”和街道“妇女之家”采取了多种介入方式协助服务对象处理问题，具体介入方法包括：法律支持（共计203次）、情绪疏导（共计191次）、家庭建设（共计102次）、链接其他服务机构资源（共计90次）、经济援助（共计38次）、能力提升（增能）（共计37次）、链接其他资源（共计20次）、政策资源（共计16次）、行为调适（共计11次）、婚恋辅导（共计10次）、学业辅导（共计8次）、哀伤辅导（共计2次）等，有效维护了妇女儿童群体的各项权益，发展了妇女儿童群体的各项能力，以实实在在的专业服务回应了妇女儿童群体的需求及妇联组织的使命。

（六）资源链接：链接枢纽，活用资源

常规妇女工作模式以运用政府资源为主，如帮助困难妇女群体了解政府的救助政策、协助政府发放困难单亲家庭救济金、针对困难妇女子女教育提供“特困生”资格等，但较少运用社会服务机构、志愿服务组织、热心企业等其他资源。特色妇女工作模式以运用基层资源为主，如搭建妇代会、社区物业、发展商、业委会“四位一体”沟通机制,培育社区内部组织等，也会探索链接企业资源，但没有很好地发挥政府单位、社会服务组织等其他资源。社工介入妇女工作模式则擅长发掘和调动社区志愿者资源，注重招募和培育志愿者队伍，推动志愿者队伍参与社区服务，但对政府资源和妇联传统资源（如巾帼志愿者队伍、女企业家协会）的运作则存在不足。

在“海珠模式”当中，海珠区妇联能够活用“三方资源”——妇联自身资源、政府资源及社会资源，为海珠区妇女工作的开展发挥了重要的资源汇聚作用，增强了“妇女之家”的服务功能，使海珠区妇女儿童群体获得更优质的服务与产品。

如表5-2所示，在妇联自身资源方面，海珠区妇联发挥自身与妇女群众的天然联系优势，帮助专业社工建立与服务对象的信任关系，协助开展服务活动。海珠区妇联还统筹使用工作经费，七年来分别投入超过1500万元建设“3861我的家”，投入908万元建设街道“妇女之家”示范点，投入212万元打造“益家易”服务平台，搭建了更优质的妇女服务平台，并保障了服务项目的长效运作。在政府资源方面，海珠区妇联与其他职能部门共同开展服务，为妇女服务注入更多新的力量与资源，实现了各职能部门的合作共赢。在社会资源方面，海珠区妇联规定“妇女之家”项目要积极链接其他社会组织、热心企业等社会资源，并将资源链接情况纳入评估指标。数据显示目前街道“妇女之家”自筹经费占项目总经费的比例达30%左右，社会资源链接能力不断提升，从而丰富了项目服务内容，为妇女儿童群体带来更多实惠。

表5-2　海珠区妇联“三方资源”汇聚情况

资源类型	具体单位	作用	实例
妇联自身资源	海珠区妇联	发挥与妇女群众的天然联系优势协助社工开展服务；统筹使用“5+2”工作经费建设街道“妇女之家”	“一家一特色”的街道“妇女之家”服务格局等
政府资源	中国共产党广州市海珠区委员会、海珠区财政局	为海珠区妇女服务发展提供区级专项财政支持	“3861我的家”、“益家易”服务平台等
	海珠区人民法院、海珠区平安办、海珠区文明办、海珠区来穗局等职能部门	增强“妇女之家”功能，实现各部门合作共赢	“心·晴·暖万家”家事调解中心、“家和万事兴”妇女家庭保护项目、儿童安全护航——河涌志愿巡查活动等
社会资源	海珠区女企业家协会、广州市大爱有家教育信息咨询有限公司等社会组织及企业	丰富和充实“妇女之家”的服务内容，增加妇女儿童群体实惠	“盼盼小天地”儿童绘本角、“亚太青少年领袖培训计划”等

具体到妇女儿童个案服务的微观层面，资源链接是“妇女之家”社工最常用的介入方法（共为334例个案提供了资源链接服务），其中法律支持有203例（含法律援助、法律咨询等），转介到其他社会服务机构（含志愿者组织）的

有90例，为服务对象介绍、申请政策资源的有16例，链接专业学业辅导资源的有8例，还有17例个案为链接其他资源，如婚介、仲裁、家政等。在妇联的支持下，“妇女之家”项目社工通过链接上述各类资源，更有效地为妇女儿童服务对象提供支持，满足了其多样化的需求。

（七）工作模式与方法：项目运作，精准服务

在落实项目化运作方面，自2011年全国妇联出台《关于全面推进妇联组织参与社会管理创新工作的意见》就妇联组织参与社会管理及其创新做出部署以来，各地妇联组织积极探索创新维权服务手段和工作活动载体。其中，推动“妇女之家”项目化发展成为了一项重要尝试。但是，目前各地群团组织工作的项目化改革容易出现以下误区：

一是项目的持续性不长，部分项目的服务周期仅为一年甚至半年，并且在缺乏整体、长期的服务规划布局的情况下，容易出现“做完一个周期就没有下一个周期”的问题，从而导致服务项目中断，没能形成项目化运作长效机制，使妇女儿童群体接受的服务效果大打折扣。

二是项目内容单一，仍然以活动为主，部分项目的实质甚至就是系列活动，项目内容设置比较随意，与改革前相比“换汤不换药”，既没能提升项目设计的系统性与科学性，亦没能很好地创新服务手段。

三是项目缺乏个别化的精准服务，部分项目内容以集体活动为主，没能很好地针对妇女儿童对象多样化的服务需求提供个别化、专业化的深度服务。

为了克服以上误区，做实妇女儿童服务的项目化运作，推动妇联工作从“活动型”向“项目型”转变，海珠区妇联采取了以下措施：

一是保障项目持续性。全广州市首个区级妇联社会管理服务项目“3861我的家”自2012年成立以来，在区妇联的经费保障下已经扎根社区持续实施了6年，形成了项目化运作的长效机制，不仅积累了大量妇女儿童服务经验，更是让辖区内的妇女儿童群体从持续性服务中获得实实在在的好处。另外，海珠区妇联自2014年开始启动街道级“妇女之家”示范点的建设，并于2015年覆盖全区18个街道，如今已进入第4个项目化服务年度，有效保障了街道级“妇女之

家”项目的长效运作。

二是丰富项目内容，创新工作方式。海珠区“3861我的家”项目、街道“妇女之家”和线上“益家易”平台等工作阵地在五大服务板块框架内，积极引入社会工作专业方法创新服务形式，如探访、个案工作、小组工作、社区活动等，并将相应的服务产出量指标明确写入项目协议中，提升了项目服务内容的系统性与科学性，避免了项目内容设置随意的问题。

2016—2017年度海珠区各街道“妇女之家”的自评报告数据显示，该年度海珠区街道“妇女之家”共完成289户探访、69个个案服务、78个小组工作以及215次社区活动，平均每个街道“妇女之家”完成145户探访、9个个案、7个小组工作和15次社区活动，各类服务内容能够按照协议规定开展，以专业社会工作服务的模式落实了项目化运作的要求。

在专业社会工作方法之外，海珠区妇联及服务联盟还积极探索服务内容和服务方式的创新，具体的形式包括：家庭教育课程、线上读书计划、线上“密语屋”服务、服务积分兑换福利、掌上儿童心理测评等。项目内容和工作方式的创新使海珠区妇联的工作不再局限于传统的慰问和活动形式，更好地实现、维护和发展妇女权益，使服务受到更多妇女儿童群体的欢迎。

三是精准对接服务需求。在项目设计方面，“妇女之家”项目的服务计划由地区妇联和承接机构根据所在街道实际情况制定，确保项目内容符合当地妇女儿童群体的实际需求。在具体服务方面，海珠区“3861我的家”和各街道“妇女之家”能够“急妇女之所急”，精确回应妇女儿童群体复杂、多样的需求，根据服务对象实际情况提供个别化、精准化的深度服务。此外，海珠区妇联正在积极探索发挥互联网平台“大数据”的作用，以求更及时、精确、快速地做出总体布局的调整，实现妇联服务的精细划分和定向推送。

四是推动项目标准化发展。“3861我的家”项目试水成功之后，海珠区妇联以连锁经营的模式在全区启动“妇女之家”示范点建设，通过制定《海珠区妇联“益家易”平台服务管理手册》对项目运作提出明确标准，确保项目的任务模块化、管理标准化和运营品牌化，形成标准化连锁效应，保障项目服务质量。《海珠区妇联“益家易”平台服务管理手册》的主要内容如图5-5所示。

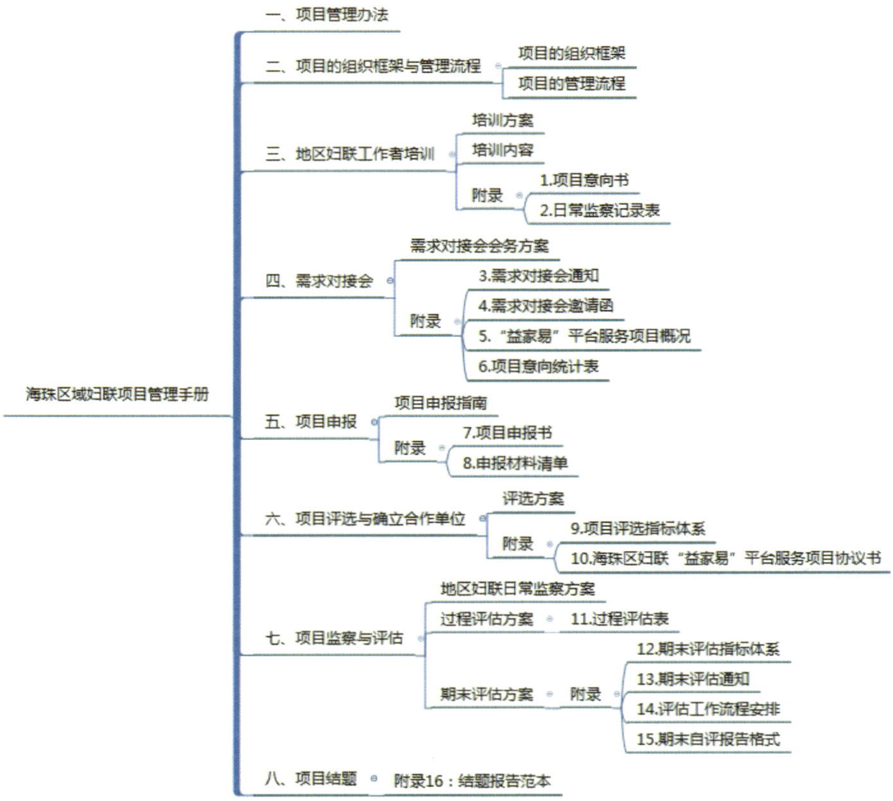

图5–5 《海珠区妇联“益家易”平台服务管理手册》主要内容

通过上述四大措施，海珠区妇联避免了项目化改革容易出现的各种误区，使海珠区“3861我的家”及各街道“妇女之家”的项目化运作模式得到有效落实，提升了妇女儿童服务项目化发展水平。

（八）服务监测与评估：多举并行，保障质量

目前部分群团组织单位在购买社工服务时没有委托第三方机构对项目进行评估，而有的群团组织则只对项目进行一次评估，没有在项目运作过程中进行持续监管和指导，且评估设置较为随意，起到的监管作用较弱，既没有承担起应有的监管责任，无法很好地保障服务质量，也无法回应政府财政投入的绩效

考核要求，不利于项目的长远发展。但海珠区妇联特别注重对项目进行持续性的监测与评估，这主要通过三项机制实现：

第一个机制为地区妇联日常监察制度，地区妇联除了在项目需求评估、服务规划、资源协调与统筹方面与项目承接机构进行对接之外，还需要定期听取项目汇报，每2个月就项目运作开展服务监察。

第二项机制为形成性评估（CIPP）制度，“CIPP”分别代表背景评估（Context Evaluation）、输入评估（Input Evaluation）、过程评估（Process Evaluation）和成果评估（Product Evaluation），每一项评估维度下包含了更细致的评估指标，覆盖了项目从立项到成果产出各阶段的方方面面，提升了评估的全面性。具体来说，形成性评估主要分为4个阶段进行，其运作流程如图5-6所示。海珠区妇联还注重运用评估结果促进项目提升，根据评估结果评选星级“妇女之家”并进行挂牌，同时作为划分下一年度各“妇女之家”的服务经费的重要依据，从而起到更好的激励作用。

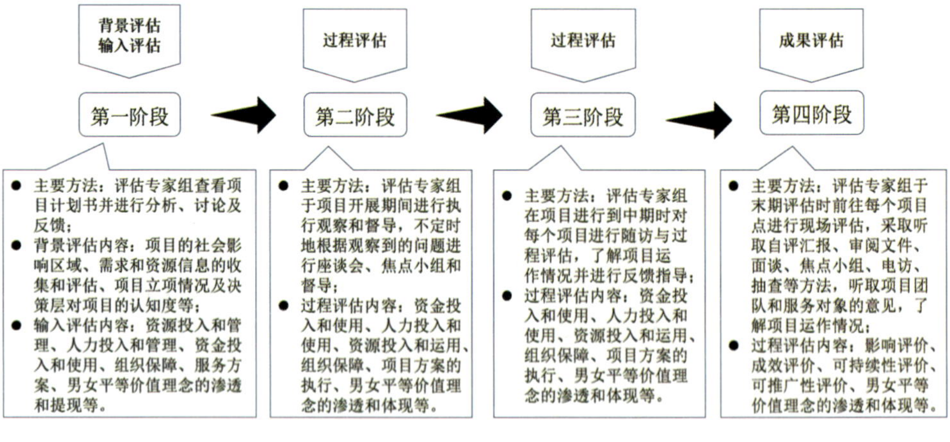

图5-6 海珠区“妇女之家”形成性评估流程图

第三项机制为工作联席会议制度，海珠区妇联根据工作需要不定期召集“妇女之家”社工、机构负责人、智库专家、妇干开展工作联席会议，宣讲区妇联工作方向，对全区妇女工作进行总结与指导，及时调整工作内容。通过主导对项目的监管与评估，海珠区妇联不仅仅扮演着项目资助者的角色，更能深入影响项目运作，持续性地对项目及社工进行指导，发挥“放射塔”的长效作用，防止项目偏离妇联宗旨，确保项目能有成效。

值得注意的是，区妇联对各“妇女之家”进行服务监测与项目评估，不仅是为了保障项目的服务质量，更是对区委、区政府财政投入的回应。区妇联在探索“妇女之家”社会化、项目化运作之初，已经注重逐步搭建监测与评估制度，避免成为购买社工服务的“甩手掌柜”。海珠区妇联在购买社工服务的过程中，注重对项目开展进行引导与监测，确保项目内容符合妇联使命、项目产出和成效能够达到目标要求，从而回应财政投入的绩效考核。在高校专家的支持下，海珠区妇联创建了CIPP评估体系，以专业的评估报告让区委、区政府看到项目的成效，赢得区委、区政府的信任与好评，从而争取到更充足的经费保障，使妇女服务得以长效发展。

（九）互联网平台建设：网上建家，密切联通

“互联网+”的发展不仅改变了普通民众的日常生活，更对群团组织的工作模式带来了新的挑战和机遇，全国各地许多群团组织都高度重视探索建设自身的互联网信息平台。尽管群团组织的互联网平台建设近年来得到了长足的发展，但目前仍然存在以下不足：①互联网平台功能以单向传递信息为主，缺乏妇女儿童群体的参与和互动；②线上服务与线下服务没有实现联动；③服务需求方与服务供应方没有实现对接；④链接与调动社会资源能力有限；⑤缺乏对妇女儿童服务大数据的收集与运用。

海珠区妇联立足于四年工作改革和互联网平台建设的经验，决心以妇联使命为指导，融汇互联网创新思维，对自身互联网平台进行全面升级改造，构建了共建、共通、共享、共融的海珠区妇联“益家易”平台，实现了妇联互联网平台建设的创新与突破。

首先，在理念上，区别于只把互联网当作传播媒介的传统做法，海珠区妇联打造的“益家易”平台是一种真正的互联网平台型产品，更加符合“互联网+”时代的思维模式和生态运行体系，体现了互联网技术带来的“加减乘除”效应（如图5-7所示）。

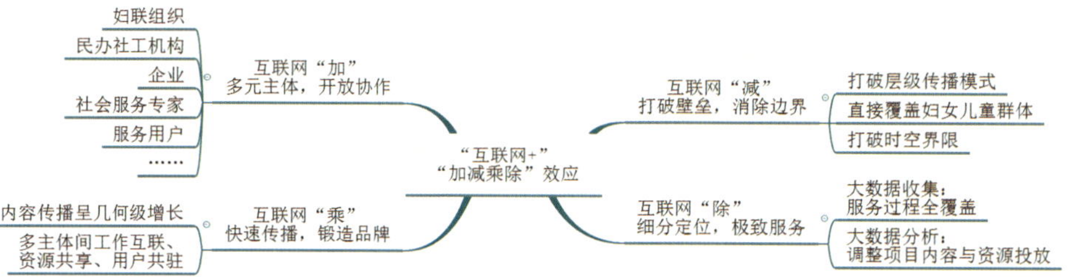

图5-7 “益家易”服务平台的“加减乘除”效应

其次，在功能上，“益家易”服务平台起到了“三个联通”作用：联通线上、线下“妇女之家”，开创“两大阵地”新模式；联通工作网、联系网与服务网，构建“三网合一”新架构；联通妇联、服务联盟、专家智库和妇女群众，建立“四位一体”新矩阵（如图5-8所示）。

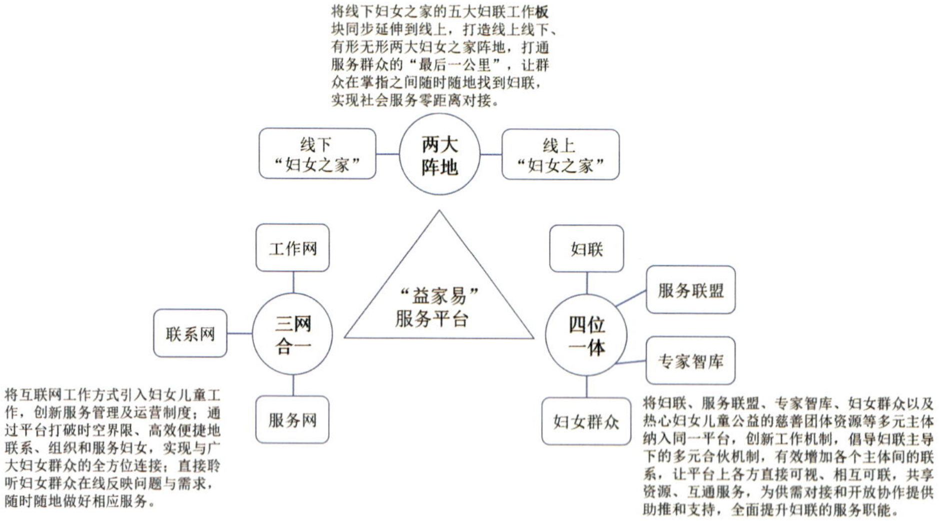

图5-8 “益家易”服务平台的“三个联通”作用

海珠区妇联在打造掌上“妇女之家”“益家易”服务平台的过程中积累了大量经验，为其他妇联组织发展“互联网+妇女工作”提供了借鉴与启示，其主要的经验如下：

一是建设掌上“妇女之家”，精准定位是前提。掌上“妇女之家”不仅仅是增加妇女工作宣传的一种渠道和方式，更重要的是要使其成为一个妇联的互联网产品综合服务平台。海珠区妇联通过准确掌握和认识互联网的规律和特点，主要在以下几个方面做好定位：①形式追求简约，让用户操作更便捷、更容易接受；②内容走向活泼，更契合用户的心理期待和使用感受；③方式强调互动，增强用户的参与式体验；④用好反馈数据，充分利用好数据分析作用，提供更契合用户需求的互联网服务产品。通过这四个方面的精准定位，海珠区妇联能够找准用户的“痛点”，突出品牌和效率，打造妇联工作的新产品，有的放矢地开展服务，以满足新时期妇女群众的需求。

二是建设掌上“妇女之家”，线下支撑是关键。新媒体技术使开展妇女儿童工作迈入了一个全新的里程，借助网络平台，一方面，妇联通过提供个性化的服务，掌指间零距离对接群众，可提高妇联联系、凝聚和服务的效率，更好地起到党委政府和群众的桥梁纽带作用；另一方面，妇联通过随时随地密切掌握妇女群众的动态服务需求，根据实际情况投放各类资源，可以有效保持资源投放的供需平衡，避免不必要的浪费，在供需平衡中实现精准服务。这不仅需要妇联维护运营相关的线上系统，更重要的是妇联工作要有线下的体验门店、专业人员和贴心服务作为支撑，线下支撑是用户留存的有力保障。

三是建设掌上“妇女之家”，巧用外力是重点。建设掌上“妇女之家”，涉及妇联工作理念渗透、互联网技术、社工服务、数据分析研究等多个层面的内容需求，单靠妇联本身的力量难以独立完成。因此，妇联要善于借用外力，把互联网技术团队、专业机构服务联盟和智库专家等团队共同吸纳到平台上来为妇女儿童服务。这些团队在这个平台上并不是独立运作的，而是需要各尽其能、通力配合。因此，妇联要善于充分发挥各个团队的专长，做好统筹协调工作。利用互联网的语言和规律，通过社工机构的专业服务，经智库专家团队分析研究，将更多的符合妇联服务理念的互联网产品呈现给用户，做好精准服务。

海珠区妇联建设“益家易”服务平台的经验表明，互联网平台不仅仅能够帮助群团组织进行宣传推广和舆论引导等工作，还能发挥“加减乘除”的“互联网+”效应，成为连接线上与线下服务、服务需求方和服务供应方的互动枢纽，打通妇联组织联系服务妇女群众的“最后一公里”，有力回应了互联网时代妇女工作发展的新要求。

二、“海珠模式”对妇联工作改革的启示

（一）回应妇联组织改革五大要点

本报告第一章梳理了妇联组织改革的政策背景，归纳了新时期基层妇联工作改革方向的五大要点：一是加强妇联组织建设，二是构建多元、立体、开放的妇联组织架构，三是拓展“妇女之家”，四是凝聚社会力量，五是运用网络新媒体手段创新工作模式。海珠区妇联近年来经过了三个阶段的改革蜕变，打造出以“区妇联总体部署、地区妇联自主运作、社会组织联盟服务、专家智库技术支持、‘益家易’联动互通”为特点的“海珠模式”，以有力的改革举措和实在的工作成效回应了基层妇联工作改革的五大要点。

首先，海珠区妇联在改革第一阶段有效创新了妇联组织建设，扩大了妇联组织覆盖面。早在2002年，海珠区妇联开始前瞻性地探索改革街道妇联建制形式，把街道妇联改建为地区妇联，把居委会妇代会改建为社区妇代会，把辖区大中型机团单位的女性负责人、高级技术人员、女企业家、社会组织代表及社区妇女骨干纳入地区妇联执委，并自创设置名誉副主席若干名（现改称“兼职副主席”），由地区单位女性负责人或社区妇女骨干担任。地区妇联建制改革有效突破了传统妇联组织的体制和层级界线，省部级单位相关负责人、楼宇党支部书记、女企业家、社会工作者等优秀女性代表通过地区妇联执委会共同为地区妇女儿童工作的发展谋划献策，有效打开了地区妇联工作的思路，地区妇联甚至可以联动省部级单位的资源开展工作，从而提升了地区妇联统筹辖区资源的能力，增强了基层妇联组织活力。

第二，海珠区妇联以创新组织建设为契机，吸纳大批优秀女性壮大了妇联

队伍力量，构建了更加多元、立体、开放的妇联组织架构。地区妇联与社区妇代会的建制改革有效吸纳了街道辖内各界女性精英进入地区妇联妇委会，强化妇干队伍建设，有效解决了基层妇联“有人干事”的问题。海珠区妇联还充分发挥辖区内女领导干部、女知识分子、女企业家等优秀女性资源，积极发展妇联团体会员，联动女性精英，先后成立了区女领导干部联谊会、女知识分子协会、女企业家协会和女校长协会，通过搭建发展平台、聚合女性智慧、引导回馈社会等方式，以“双赢”原则促使优秀女性自我发展和海珠区经济社会共同进步。

第三，海珠区妇联通过建立三级“妇女之家”和掌上“妇女之家益家易”服务平台，拓展了建家范围，增强了“妇女之家”联系妇女、服务妇女的功能。在改革第一阶段，海珠区妇联在落实全国妇联关于建设村、社区“妇女之家”的意见之余，还多迈一步、先行先试，探索构建区、街道、社区三级“妇女之家”，后又通过整合资源解决“妇女之家”运作所需的人、财、物问题，破解了“挂牌容易经营难”的问题，并通过标准化建设增强“妇女之家”工作实效。在改革第二阶段，为解决“妇女之家”社会力量整合不足、服务专业性有待提升的问题，海珠区妇联创造性地引入社会力量和专业社会工作方法开展妇女工作，将项目化运作模式推广到全区18个街道，实现了“妇女之家”服务的标准化、恒常化、社会化、项目化、规模化和品牌化。而在改革第三阶段，海珠区妇联运用互联网思维，通过开发掌上“妇女之家”“益家易”服务平台，打通了妇联组织联系妇女群众的“最后一公里”，实现线上、线下“妇女之家”两大阵地的广泛覆盖和有效凝聚。

第四，海珠区妇联通过搭建“海珠区妇女儿童服务联盟”和“海珠区妇女儿童服务专家智库”，有效凝聚社会力量，促进妇女服务水平的提升。在改革第二阶段，海珠区妇联积极联动民办社工机构，组建“海珠区妇女儿童服务联盟”，由联盟成员承接区级和街道“妇女之家”的一线服务，充分发挥民办社工机构在提供妇女服务方面的专业优势，同时也注重对民办社工机构提供引导和支持，构建以妇联为主导的合作模式，通过制定项目管理手册规范了“妇女之家”的项目管理、项目申报、项目评选、项目监管与评估等要素，确保社会化运作的“妇女之家”既能落实妇联使命，又能提升服务质量。此外，海珠区妇联还吸纳了妇女研究专家、社会服务专家、项目运营管理专家共同组建“海珠区妇女儿童服务专家智库”，发挥促进交流与合作、提供决策咨询、传播理论与实践知识、助推机构发展、协助项目监管等职能，为海珠区妇女儿童服务的发展提供坚实的技术支持。

第五，海珠区妇联通过打造掌上“妇女之家益家易”服务平台，有效运用互联网思维和网络新媒体手段创新了妇联工作模式。在改革第三阶段，海珠区妇联为打破妇联工作的时间、地域、资源、平台等限制，探索打造了掌上“妇女之家”“益家易”服务平台并实现了2.0版本的升级改造。区别于群团组织传统的互联网宣传平台，“益家易”服务平台不仅为妇女用户提供“约服务”“密语屋”“福利社”“开心聊”等功能服务，让妇女群众能够随时随地联系妇联，更发挥了联通妇联、服务联盟、服务对象等主体的端口连接作用，成为线上与线下、服务需求方与服务供应方之间的互动枢纽，并运用服务大数据协助妇联提升工作水平。“益家易”服务平台是海珠区妇联探索创新工作模式的一款革命性产品，丰富了“互联网+妇女工作”的内涵，并具有极大的升级潜力。

（二）增强政治性、先进性与群众性

保持和增强政治性、先进性与群众性，是党对群团组织改革做出的重要指示，海珠区妇联始终将“强三性”作为自身工作改革的行动方向，以扎实的工作增强妇联工作的政治性、先进性与群众性，发挥党联系妇女群众的桥梁和纽带作用。

1.增强政治性：紧跟顶层设计，强化基层阵地

政治性是群团组织的灵魂，党的群团工作的政治性主要体现在工会、共青团、妇联等群团组织要始终坚持党的领导，承担起引导群众听党话、跟党走的政治任务，为夯实党执政的阶级基础和群众基础做贡献。海珠区妇联始终坚持在工作中突出政治性，这具体表现在紧跟顶层设计和强化基层阵地两个方面。

首先，海珠区妇联始终把自己置于党的领导之下，在思想上政治上行动上

始终同党中央和全国妇联保持高度一致。党中央和全国妇联在每一个历史时期，都会为基层妇联组织提供指导性的工作方向和思路，体现了政治性以及上级妇联对开展妇女工作的深邃思考和战略谋划。海珠区妇联能够在认真研究和熟悉掌握的基础上，结合自身工作实际，积极探索、改革创新，推动利民惠民的顶层设计落地生根，真正见成效、出成果，为妇女群众带来实惠。本报告第三章回顾了海珠区妇联历年来的工作改革历程，从中可见海珠区妇联能够紧跟全国妇联关于建设“妇女之家”、参与社会管理创新、创新妇联组织架构、建设服务型基层妇联组织、加强网络与新媒体建设等多个方面的顶层设计，做到“上接天线”，在基层工作中扎实增强政治性。

另外，海珠区妇联在引入社会力量建设“妇女之家”的同时巩固了妇联主导的地位，避免了把“妇女之家”工作阵地让与社会力量的误区，而是在“区妇联总体部署”的架构下借助专业社工力量强化基层妇联的工作阵地。海珠区妇联在参与社会治理创新、凝聚社会力量开展妇女服务的过程中，合理地划分了基层妇联与民办社工机构的职能，建立了优势互补的合作关系。区妇联将仅依靠自身力量做不到或做不好的专业服务交由民办社工机构承接，但这却并非意味着妇联在“妇女之家”阵地建设中的作用受到弱化，而是注重同时加强妇联在服务规划、思想引导、服务监管、项目评估等方面的职能，从而更好地借助社工力量推进妇联的工作，密切妇联与妇女群众的联系，在基层工作中更好地承担起引导群众听党话、跟党走的政治任务，巩固党的执政基础。

2.增强先进性：促进工作创新，引导妇女发展

习近平总书记在党的群团工作会议中强调：“保持和增强先进性是群团组织的重要着力点，群团组织要牢牢把握为实现中华民族伟大复兴中国梦而奋斗的时代主题，紧紧围绕党和国家工作大局，组织动员广大人民群众走在时代前列，在改革发展稳定第一线建功立业。”海珠区妇联始终坚持以先进性打造妇联团队，结合时代要求创新工作模式，引领妇女群众创业创新。

首先，海珠区妇联增强先进性体现在创新妇联组织架构和队伍建设方面。新形势下妇女群体需求的变化对妇联传统组织形式带来了冲击，传统的自上而下的妇联组织形式在基层工作中遭遇到了瓶颈。在此背景下，海珠区妇联主动求变，改革街道妇联建制形式，将辖区内的优秀女性吸纳进妇联队伍，并注重打造一支“特别能战斗的妇联队伍”，把对妇女工作不灭的激情、对做好妇女儿童服务的使命、对把握妇女工作发展方向的敏感度、对开展工作迸发出的无尽创造力和敢想敢做的行动力作为价值认同，提升了海珠区妇联干部队伍的凝聚力，为妇女工作的改革创新奠定了坚实的组织基础。

另外，海珠区妇联增强先进性还体现在创新工作模式方面。为了适应新形势下妇女群众日益多样化、个性化和复杂化的需求，以及党和政府关于推进社会治理创新的要求，海珠区妇联不断自我革新，探索出一系列卓有成效的工作改革措施，具体包括：创造性建立三级“妇女之家”，统筹使用妇联工作经费和争取区级财政专项经费推动“妇女之家”的社会化、项目化运作，引入专业社工力量承接“妇女之家”服务，首创CIPP形成性评估体系，开发掌上“妇女之家”“益家易”服务平台等。经过三个阶段的工作改革，海珠区妇联搭建起“区妇联总体部署、地区妇联自主运作、社会组织联盟服务、专家智库技术支持、‘益家易’联动互通”的工作格局，在新形势下开展妇女工作的能力得到极大提升。

最后，海珠区妇联增强先进性还体现在引领妇女群众创业创新方面。海珠区妇联注重为妇女群众提供形式多样的能力发展服务，支持妇女群众创业创新，例如，滨江街“妇女之家”开展“巾帼有能，姐妹同行”社会助力困境妇女发展计划，提供手工艺商品制作技能培训，借助互联网平台协助妇女灵活就业；华洲街“妇女之家”还开展了“新凤坊”妇女能力建设项目和“织锦绣坊”妇女手工就业项目，支持农转居妇女结合传统手艺进行创新创业。在基层妇女工作中，海珠区妇联注重引导妇女适应经济发展新常态，加强妇女能力建设，引导妇女投身创业创新。

3.增强群众性：以服务凝聚人心，借网络密切联系

群众性是群团组织的根本特点，是群团组织安身立命、不断发展的根本所在，也是衡量群团工作成效的标尺。只有保持和增强群众性，妇联组织才能凝聚妇女，发挥党联系妇女群众的桥梁和纽带作用。海珠区妇联始终将服务和联系妇女群众作为自身工作的生命线，注重通过优质的服务凝聚人心，借助互联网服务平台更加密切地联系妇女群众，从而把妇女群众最广泛最紧密地团结在党的周围。

首先，海珠区妇联以优质的服务实实在在地为妇女群众排忧解难，赢得了妇女群众的信赖，增强了妇联组织的吸引力、凝聚力和影响力。海珠区“3861我的家”和街道“妇女之家”项目借助专业社工的力量，提供了多样化、个别化、精准化的专业服务，覆盖了包括一般妇女、困境妇女、一般儿童、流动儿童等在内的不同服务对象群体，满足了妇女儿童群体在性别平等建设、妇女保护、妇女能力提升、婚姻家庭建设、儿童保护等方面的需求。调查数据显示，海珠区各“妇女之家”的服务对象以主动求助为主（占75%），可见海珠区“妇女之家”已经形成了服务口碑，妇女群众愿意参与妇联提供的各项服务，在遇到困难时也能够主动向“娘家”求助。在提升妇女服务水平的基础上，海珠区妇联增强了党心民意同频共振的纽带作用。

另外，海珠区妇联通过打造掌上“妇女之家”“益家易”服务平台，借助“互联网+”平台打破时空界限，让妇女群众随时随地可以联系妇联，打通了妇联组织联系妇女群众的“最后一公里”，让海珠区妇联与妇女群众的联系更加密切。在传统的妇联工作模式中，受资源、平台、时空界限等方面的限制，妇女儿童服务的对象基本上只能局限在某些特定人群，仍然存在受众面不广的问题，而“互联网+”时代的到来则为群团工作的拓展提供了契机。“益家易”服务平台为妇女儿童用户提供了丰富的在线服务，不仅能让妇女群众及时地接收妇联的最新消息和其他与妇女儿童生活息息相关的资讯，更能让妇女群众随时随地参与线上话题讨论、进行线上咨询求助、报名线下活动、点评线下服务、兑换服务积分、申请成为志愿者等。“益家易”服务平台以其全面的功能吸引了大批妇女群众关注和使用，也创新了新时代背景下妇联组织联系妇女群众的方式，增强了海珠区妇联工作的群众性。

（三）履行妇联章程使命

经中国妇女第十一次全国代表大会部分修改通过的《中华全国妇女联合会

章程》规定，妇联的基本职能是“代表和维护妇女权益，促进男女平等”[1]，具体任务包括团结动员、宣传教育、参政议政、权益维护、服务妇女、加强联谊、国际合作等七大方面。

妇联组织具有悠久的发展历史，在不同的时代背景下，妇联组织能够随着社会发展调整自身的职能定位，保持自身在中国妇女发展运动中的团结与引导作用。在20世纪50年代，战斗、生产、教育是妇联组织的三大要务；而到了20世纪80年代，随着改革开放的深入发展，中国妇女第六次全国代表大会提出要“坚持以经济建设为中心，根据社会主义商品经济的特点和规律，更好地代表和维护妇女利益”[2]；进入21世纪后，党的十八届三中全会提出了“创新社会治理体制”的改革新思路，妇联组织不仅要继续发挥和加强党和政府联系妇女群众的桥梁纽带作用以及国家政权的重要社会支柱作用，更要努力建设学习型、服务型、创新型的妇联组织。

妇联组织要在新时代背景下更好地履行“代表和维护妇女权益，促进男女平等”的使命，需要不断地进行自我革新。海珠区妇联近年来不断调整自身定位、创新工作模式、凝聚社会力量，探索出社会治理创新背景下妇联工作改革的“海珠模式”。该模式对于妇联组织在社会治理创新背景下履行章程使命具有以下三个方面的启示与借鉴意义。

1.转变思维，把握角色定位

党的十八大明确提出要建立健全“党委领导，政府负责，社会协同，公众参与”的社会管理工作格局，不断推动妇联由配角向主角转变，主动参与社会管理创新，而海珠区妇联注重在三个关键环节上做到准确定位。

首先，海珠区妇联以主导者的定位抓住创新的机遇。政府掌握公共权力，拥有大量公共资源，是社会管理创新的主要承担者，而妇联是党领导下的人民团体，是联系具体承接社会服务单位的枢纽。因此，在参与社会管理创新过程

[1] 中华全国妇女联合会，中华全国妇女联合会章程，2013，网址链接为：www.women.org.cn/col/col12/index.html
[2] 中华全国妇女联合会，自尊、自信、自主、自强，为夺取改革攻坚阶段的胜利建功立业，中国妇女出版社，1988.

中，海珠区妇联抓住了工作重点，注重借势借力，为妇女儿童谋利，同时协助政府做好妇女儿童工作。

另外，海珠区妇联以服务者的定位抓住民生的目标。充分发挥密切联系妇女群众的优势，积极为妇女儿童探索新空间、新途径。以“妇女儿童的需求就是我们的追求”为工作目标，关注及服务妇女儿童需求。引导妇女通过合法有序的方式表达利益诉求、积极维护妇女权益，切实把妇女群众的利益维护好、实现好和发展好。

海珠区妇联还以代表者的定位抓住妇女的特点。妇联组织就是代表和维护妇女的权益，不存在自身的特殊利益。妇联组织参与社会管理创新，不是仅靠妇联干部而是依靠妇女群众，不是为了自身而是为了妇女群众，参与的成效最终也要由妇女群众来评价。因此必须牢固树立为妇女服务的意识，明确参与的根本目的，避免无所作为。

2.创新模式，破除工作难题

首先，海珠区妇联通过探索社会化工作模式，破解了资源不足的难题。海珠区妇联树立“党委统揽、政府创新、妇联主导、机构协同、专业运作”的理念，把建立综合性开放式的社会化工作模式作为重中之重。同时，充分利用社会资源，根据不同组织的特点借力到妇女儿童服务当中。

第二，海珠区妇联通过探索项目化运作模式，破解了工作繁杂的难题。海珠区妇联按照“以需求定项目”的原则，有效对接弱势妇女群体及妇女、家庭的全面需求，把妇女教育培训、妇女社会管理事业、群众性活动等工作转化为“项目”，以具体项目为载体带动人、财、物的整合，探索建立论证、规划、实施、评估、监管“五位一体”的项目化运作模式。

第三，海珠区妇联通过探索品牌化服务模式，破解了影响力弱的难题。海珠区妇联坚持“人无我有、人有我优、人优我精、人精我新”的发展理念，从“彰显妇联特色、影响大、效果好、妇女群众欢迎”的角度设计活动，探索建立独特性联动式的品牌化服务模式。

第四，海珠区妇联通过探索网络化建家模式，破解了覆盖不足的难题。海珠区妇联以“为妇女儿童提供机制服务”为切入点，以“互联网+”思维为支撑，充分调动社会资源，打造妇女儿童服务资源与需求交互的掌上“妇女之家”“益家易”服务平台，打通了妇联组织联系妇女群众的“最后一公里”，有效扩大了妇联工作覆盖面。

3.凝聚力量，激发工作活力

首先，海珠区妇联凝聚社会工作专业服务力量，打造“海珠区妇女儿童社会服务联盟”，激发了一线专业服务的活力。海珠区妇联引入社会工作方法与理念作为妇联工作的有益补充，有利于从整体上评估群众需求，找出重点，开发资源，开展相应项目和服务；有利于从微观角度为有需求的群众个体提供咨询和辅导服务，协助解决个别化问题；有利于从宏观社会政策运作层面向有关部门反馈信息，优化政策运作环境。

第二，海珠区妇联凝聚各领域专家力量，打造“海珠区妇女儿童社会服务智库”，激发了理论与实践交互的活力。海珠区妇联吸纳省内外社会工作、心理学、社会学、教育学、法学、管理学等领域专家，通过智库平台与一线服务实践进行对接，能够为一线服务提供技术支持，为理论研究提供丰富素材，并能促进研究成果转化为社区服务项目或服务流程标准，从而更好地服务群众。

第三，海珠区妇联凝聚热心企业力量，激发了商业资源和其他社会资源的活力。海珠区妇联积极调动家庭教育、医疗健康、文化艺术、时尚服饰等领域的热心企业，为妇女儿童群体提供更加丰富、优质的产品与服务，增加妇女儿童群众得到的实惠，也为热心企业提供了贡献社会、推广品牌的机会，在多方共赢的架构下进一步激发了妇女工作的活力。

三、小结

海珠区妇联探索妇联工作改革形成的“海珠模式”对于妇联组织购买社会

工作服务具有以下九个方面的启示。

第一，在妇联角色方面，在“海珠模式”中，区妇联从传统的一线妇女工作者转变为整体服务的主导者，既能保障妇联统筹、主导服务项目开展，坚持“妇联味道”，也能把一线服务交给更加专业的民办社工机构承接，提升社会治理水平；既改善了基层妇联受限于行政架构、资源不足、服务单一的困境，也避免了妇联购买社会服务后成为 “甩手掌柜”的误区。

第二，在工作主体方面，“海珠模式”探索出了“区妇联总体部署、地区妇联自主运作、社会组织联盟服务、专家智库技术支持”的多方协作模式，既改善了常规妇女工作模式和特色妇女工作模式中基层妇联干部服务能力不足的情况，也改善了社工介入妇女工作模式中妇联参与不足的情况，还壮大了社会组织服务联盟，并为妇女工作提供专家智库的技术支持。

第三，在资金来源方面，“海珠模式”既能统筹活用妇联工作经费，也能积极争取区委、区政府的专项经费支持，为三级“妇女之家”和“益家易”服务平台等工作阵地提供了长效的资金支持，突破了基层妇联工作经费不足的困境，保障了项目的持续性，从而为项目成效的达成创造了有利条件。

第四，在服务对象方面，“海珠模式”注重更广泛地联系、覆盖全体妇女儿童群体，既针对特殊困难妇女儿童群体提供特殊性、补救性服务，也针对一般妇女儿童群体提供普惠性、发展性服务。“海珠模式”还强调项目的服务对象应符合妇联章程的要求，避免服务对象较少涉及妇女儿童群体的情况出现。

第五，在服务内容方面，“海珠模式”根据妇联章程清晰界定出性别平等建设、妇女保护、妇女能力建设、儿童保护、婚姻家庭建设五大板块的服务内容，提升了服务内容的系统性、全面性与针对性，既保证了服务项目能够落实妇联使命，也避免了服务内容零散、与妇女儿童需求脱节的情况。

第六，在资源链接方面，“海珠模式”能够活用妇联自身资源、政府资源和社会资源，显著改善了传统基层妇联组织的资源调动能力不足的困境，使妇联工作开展更加得力，为辖区内的妇女儿童群体提供了更加丰富多样的服务资源。

第七，在工作模式和方法方面，“海珠模式”能够通过多种措施避免项目化运作常见的误区，保障了项目持续性，创新了工作方式，能够针对服务需求提供精准服务，推动标准化发展，从而落实了项目化运作模式。

第八，在服务监测与评估方面，“海珠模式”建立了地区妇联日常监察制度、形成性评估制度、工作联席会议制度来对服务项目进行监测与评估，改善了其他妇联工作模式不注重服务评估的缺陷，既保障了服务项目的质量，也有效回应了政府财政投入的绩效考核要求。

第九，在互联网平台建设方面，“海珠模式”创造性地建设了掌上“妇女之家益家易”平台。该平台不仅是妇联工作的宣传窗口，更发挥着供需对接、线上线下联动、大数据分析等重要功能，在探索互联网时代妇联工作模式创新方面走在了其他妇联工作模式的前面。

由此可见，与其他妇联工作模式相比，“海珠模式”在购买社工服务的各个方面都有着卓有成效的创新，逐渐形成了海珠区妇女工作开展的诸多优势，并能为其他妇联组织单位工作改革提供借鉴。“海珠模式”与其他妇联工作模式的概况如表5-3所示。

此外，“海珠模式”以一系列有力的措施回应了妇联组织改革的五大要点，切实增强了政治性、先进性与群众性，提升了在新时代背景下履行妇联章程使命的能力，为基层妇联工作改革提供了许多启示。

首先，在回应妇联组织改革五大要点方面，海珠区妇联通过把街道妇联改建为地区妇联、把居委会妇代会改建为社区妇代会等方式，有效创新了妇联组织建设，扩大了妇联组织覆盖面。海珠区妇联以创新组织建设为契机，吸纳大批优秀女性壮大了妇联队伍力量，构建了更加多元、立体、开放的妇联组织架构；海珠区妇联通过建立三级“妇女之家”和掌上“妇女之家益家易”服务平台，拓展了建家范围，增强了“妇女之家”联系妇女、服务妇女的功能。海珠区妇联通过搭建“海珠区妇女儿童服务联盟”和“海珠区妇女儿童服务专家智库”，有效凝聚社会力量，促进妇女服务水平的提升。海珠区妇联通过打造掌上“妇女之家益家易”服务平台，有效运用互联网思维和网络新媒体手段创新了妇联工作模式。

表5-3 三种类型的妇女工作开展情况对比

	常规妇女工作模式	特色妇女工作模式	社工介入妇女工作模式	“海珠模式”
妇联角色	服务者	服务者	合作者、资助者	主导者
工作主体	妇代会	妇代会	社会组织	妇联干部+社会组织+专家智库
资金情况	财政直接拨款	财政直接拨款	妇联、民政、基金会等购买或资助服务	妇联工作经费区级财政投入
服务对象	特殊困难妇女儿童群体	一般妇女儿童群体	全体社区居民	一般妇女儿童群体与特殊困难妇女儿童群体
服务内容	以一次性服务为主，包括扶贫、慰问、纠纷调解、维权、节假日活动及社区宣传活动等	以恒常性服务为主，包括兴趣培养、文娱活动、亲子教育、维权教育、扶危济困等	以各类专业社会工作服务为主，包括个案工作、小组工作、社区工作等	紧扣妇联理念开展服务，包括性别平等建设、妇女保护、妇女能力建设、儿童保护、婚姻家庭建设等
资源链接	政府资源为主	基层资源为主	志愿者资源为主	妇联自身资源、政府资源、社会资源
工作模式与方法	以妇联传统工作模式和方法为主，如婚姻关系协调、家庭暴力处理、单亲妇女帮扶等	以“妇女之家”为载体，结合妇联传统工作方法，针对不同群体和不同需求提供多元化服务，活跃社区文化生活	以社会工作专业方法为主，如社区为本整合模式、优势视角、资产为本、需求为本等社会工作专业服务模式	①结合妇联工作经验与专业社会工作方法，多举并行落实项目化运作模式
服务监测与评估	无	无	第三方机构评估	①地区妇联日常监察制度；②形成性评估制度；③工作联席会议制度
互联网平台建设	无	无	无	①以“互联网+”理念建设线上妇女之家“益家易”平台
优势	①“先天优势”：各村的妇女干部、妇委有丰富的工作经验，熟悉社区的情况；②基层妇联与村委会、居委会“分工不分家”，使得妇代会能够综合地开展工作；③坚持了妇联传统的工作理念与工作模式	①“妇女之家”的平台效应，便于吸收多种资源；②妇女干部与其他村委会干部之间“分工不分家”，交叉合作的职能带来当地社区经济、社会与文化的综合发展	①专业社工机构支持，运用专业的理论知识、工作手法和价值理念；②社工重视团队的合作和建设；③有良好的硬件和场地开展服务；④充分利用志愿者资源开展服务；⑤社工扎根社区，与村民建立了良好的关系，熟悉社区的情况	①区妇联主导，地区妇联自主运作a.彰显“妇联味道”，保障政治性、群众性、先进性；b.妇联组织朝服务型转变，服务对象覆盖最广泛的妇女儿童群体，服务内容符合章程要求；c.服务监测与评估机制完善，保证项目不偏离妇联使命，提升服务成效。②社会组织联盟服务，专家智库技术支持a.形成社会化、项目化、专业化的工作模式；b.丰富服务内容，提升服务专业水平；c.提升资源链接水平；d.创新社会治理，调动社会力量协同运作。③“互联网+”联动互通a.供需对接；b.线上线下服务联动；c.大数据分析
不足	①自身内部条件：a.工作主动性不高，工作技能不足，服务内容缺乏新意；b.妇女干部常常兼顾其他工作，角色模糊，妇女工作甚至被边缘化；c.妇女工作开展水平参差不齐，工作质量与个人因素紧密相关。②外部环境：a.社区居民对妇女工作的了解较少；b.经费和资源限制工作的开展；c.突发事件成为重要的威胁	①自主性不强，协助角色较多，特色服务不够突出，难以形成固定的工作模式，带来了妇委会形象和工作职能模糊的后果；②自主性不强也常导致被上级以及村领导安排临时性任务，难以保证特色妇女工作的连续性和质量	①人手不足，工作负担重；②社工人员流动大，影响服务的开展；③部分社工机构提供的服务，内容较少涉及妇女；④妇联对服务项目的参与较少	①对各主体间的配合度要求高，一线社工落实区妇联总体服务布局的意识与能力有待提升；②各街道妇女之家的服务内容没有完全划分，特色有待进一步深化；③互联网平台的功能有待更多挖掘发挥

在增强政治性、先进性与群众性方面，海珠区妇联通过紧跟顶层设计落实基层改革和强化基层工作阵地建设等方式，有效增强了自身工作的政治性；海珠区妇联通过创新妇联组织架构和队伍建设、创新工作模式、引领妇女群众创业创新等方式，切实增强了自身工作的先进性；海珠区妇联以优质服务凝聚妇女群众，并借助掌上“妇女之家益家易”服务平台打通了妇联组织联系妇女群众的“最后一公里”，有效增强了自身工作的群众性。

为了更好地在社会治理创新背景下履行妇联章程使命方面，海珠区妇联主动转变思维，以主导者的定位抓住创新的机遇，以服务者的定位抓住民生的目标，以代表者的定位抓住妇女的特点，使角色定位更加符合时代要求。海珠区妇联积极创新工作模式，通过探索社会化工作模式破解资源不足的难题，通过探索项目化运作模式破解工作繁杂的难题，通过探索品牌化服务模式破解影响力弱的难题，通过探索网络化建家模式破解覆盖不足的难题，提升了履行章程使命的能力。海珠区妇联还注重凝聚社会工作专业服务力量、各领域专家力量和热心企业力量共同促进妇女服务水平的提升，增强了妇联组织参与社会治理创新的能力。

PART 6

“海珠模式”的挑战与未来

海珠区妇联在经历了三个改革阶段的飞跃后，逐渐探索出了“区妇联总体部署、地区妇联自主运作、社会组织联盟服务、专家智库技术支持、‘益家易’联动互通”的基层妇联工作改革的“海珠模式”。其中，海珠区妇联对上是基层妇联组织，需要落实全国妇联及其他上级妇联组织的顶层设计和改革规划；对下则是总体部署的领导者，需要制定海珠区妇女工作的规划设计，并引导和支持地区妇联、社区妇联和其他社会力量落实妇女工作规划。在海珠区妇联的不懈努力下，“海珠模式”在妇联购买社工服务机制、社会力量整合、掌上“妇女之家”建设等方面进行了诸多创新性的探索，不仅回应了基层妇联组织改革的五大要点，还搭建起具有相当超前性的工作规划框架，其改革实践已经走在了许多地区的基层群团组织前面。

然而，尽管海珠区妇联已经逐渐理清了改革思路并搭建起具有相当超前性的工作规划框架，但是如何在框架内把各项工作规划更加落实到位，让改革规划转化成更加显著的工作实效，则不仅需要一定的时间与磨合期，也考验着区妇联、地区妇联、服务联盟、专家智库、热心企业、“益家易”服务平台运营商等各方的协同与创新能力。在未来相当长的一段时间内，“海珠模式”的规划设计仍将具有很强的创新性与超前性，因此，“海珠模式”接下来的工作重点不是继续在规划层面增加新的内容，而是进一步落实和完善“海珠模式”的各项工作安排，让各个参与方更好地理解“海珠模式”的理念、内容与特点，做到各方同频共振，从而最大程度地落实区妇联的改革规划，发挥出“海珠模式”的实践优势。

本章将对各参与方在落实“海珠模式”工作规划的过程中面临的各项挑战进行分析与讨论，并结合各参与方的意见，提出未来进一步落实、完善“海珠模式”工作规划的对策建议。

一、地区妇干队伍

在“海珠模式”中，地区妇联发挥着“自主运作”的作用，作为街道“妇女之家”项目具体的经办者、管理者与实施者，地区妇联需要参与“妇女之家”项目的需求评估、机构评选、服务支持、项目监管等全部环节，对“妇女之家”建设起到至关重要的作用，这也对地区妇干队伍的工作思维与工作能力提出了很高的要求。

而在实际工作当中，地区妇干队伍却面临着不小的工作挑战。首先，地区妇干大多数为非专职干部，往往需要同时兼任街道办事处的其他各项工作，对妇女工作内容造成了或多或少的客观影响，尤其在工作量较大的时间段，同时兼顾多项工作给地区妇干带来了更大的工作压力。第二，部分地区妇联妇干的岗位调动影响了妇干对工作的熟悉度，一方面是对街道“妇女之家”的项目定位和发展思路可能会产生变化，另一方面则是需要时间更好地理解和掌握区妇联的规划布局。第三，地区妇干与街道“妇女之家”项目社工之间容易出现“缺位”或“越位”的情况，部分街道“妇女之家”社工反映，相比于区妇联经常性的指导和评估，地区妇联在项目过程中给予的督导则有时不太主动；而有些街道“妇女之家”社工则反映，地区妇联有时会将一些属于“妇女之家”服务内容之外的工作（如“最美家庭”评比）临时安排给项目社工开展，对项目的工作计划造成一定影响，社工表示若能提前进行沟通协调，将相关工作纳入工作计划，那么社工可以更有序地协助地区妇联开展工作。

尽管地区妇干非专职化和人员调动等问题往往属于客观非可控因素，很难做到完全避免，但仍然可以采取措施减少这些挑战对地区妇联工作造成的影响。对于地区妇干队伍来说，工作改革的关键在于能否理解、紧跟区妇联的改革思路，不断提升工作能力和工作主动性，从而更好地指导项目社工、参与“妇女之家”建设。相关的对策建议如下：

1. 深化、完善地区妇干参与街道“妇女之家”建设的机制。如将地区妇联的日常监管纳入过程评估流程，将地区妇联的评价纳入“妇女之家”的评估指标体系等；

2. 完善地区妇干的学习培训机制，为地区妇干提供培训与参会机会，确保地区妇干掌握区妇联的工作改革理念与规划，并能在基层工作中进行落实；

3. 搭建地区妇干与街道“妇女之家”项目社工之间的交流机制。如定期举办地区妇联与各街道“妇女之家”社工的经验分享会，共同讨论如何完善、深化地区妇联与社工的合作，共同提升“妇女之家”服务水平。

二、“妇女之家”项目社工队伍

在“海珠模式”中，以民办社工机构为主体的“海珠区妇女儿童社会服务联盟”是承接区级和街道“妇女之家”项目的主要力量，一大批专业社会工作者进入“3861我的家”和街道“妇女之家”的一线服务岗位上，为妇女儿童群众提供多样化的优质服务，不仅解决了“妇女之家”建设的人手问题，更显著提升了“妇女之家”服务的专业化水平。

尽管海珠区妇女儿童社会服务联盟有效推动了海珠区“妇女之家”建设的社会化、项目化与专业化，但项目社工在一线服务的过程中仍然面临许多挑战，存在一些有待提升的地方。首先，各“妇女之家”项目及其社工之间较为缺乏沟通与合作，大多数时候各自为政，各做各的服务，没有突出整体“联盟服务”的优势效果。第二，受社工经验、能力等因素限制，部分“妇女之家”项目的服务特色不够鲜明，有一些“妇女之家”项目的具体服务内容非常相似甚至重复，“一家一特色”的服务格局有待深化。第三，部分“妇女之家”项目社工对区妇联的工作理念与规划缺乏了解，不清楚项目的定位，甚至与区妇联的期待产生错位。第四，部分“妇女之家”的服务与家庭综合服务中心的区分度不高，妇联味道有待进一步突显。第五，部分“妇女之家”项目社工对“益家易”服务平台的熟悉度和使用积极性不高，仍然习惯于沿用传统的活动招募与宣传方式，线下、线上“妇女之家”的联动仍可进一步活化。

在未来的工作当中，海珠区“3861我的家”和街道“妇女之家”项目社工队伍需要更深刻地掌握区妇联的规划布局，其中，“3861我的家”需要找准“龙头引领”的定位，增强督导、联动、培育、宣传等功能，朝建设枢纽型的

“3861妇女儿童服务创益中心”的方向转型。街道“妇女之家”则需要进一步提升“一家一特色”的服务格局，增强服务的“妇联味道”，活化与“益家易”服务平台的线上、线下联动机制。具体对策建议如下：

1. 完善妇联对“妇女之家”项目社工的督导与培训机制，确保社工能够掌握并落实区妇联的工作理念与规划；

2. 增强“3861我的家”与各街道“妇女之家”的联动枢纽作用，搭建合作与转介机制，由“3861我的家”跟进处理疑难个案，提供督导、培训与交流服务，探索与街道“妇女之家”合作开展服务，充分发挥服务联盟优势，搭建更具整体性的海珠区妇女儿童服务网络；

3. 增强“3861我的家”与“益家易”服务平台的线上与线下联动作用，由“3861我的家”项目社工负责收集、整理“益家易”服务平台推送内容，鼓励项目社工探索开发新的线上、线下服务联动模式；

4. 探索区分“妇女之家”与家庭综合服务中心之间的功能划分，注重在服务过程中落实妇联章程使命，增强服务的“妇联味道”；

5. 开展“益家易”服务平台使用培训，培养项目社工的使用习惯，听取社工意见改善平台功能，考虑将社工对“益家易”服务平台的使用情况纳入评估指标，进一步做实线上、线下服务联动机制。

三、海珠区妇女儿童社会服务专家智库

在“海珠模式”中，海珠区妇女儿童社会服务专家智库主要发挥了“技术支持”的作用，开展促进交流与合作、提供决策咨询、传播理论与实践知识、助推机构发展、协助项目监管等技术支持服务。海珠区妇女儿童社会服务专家智库的作用尤其体现在海珠区“妇女之家”社会服务评估CIPP评估体系的打造上，实现了对“妇女之家”项目的有效监管和服务促进。

但是，海珠区妇女儿童社会服务专家智库在运作过程中仍然存在一些不足。首先，部分智库专家参与智库工作的活跃度不高，一方面未必能跟上海珠区妇女工作改革的步伐，另一方面则不利于技术支持作用的发挥。另外，目前智库专家的研究工作与一线服务的结合有所不足，理论成果转化能力仍然有待提升。海珠区妇女儿童社会服务智库为海珠区妇联探索社会治理创新的重要举措，其协助海珠区妇联进行工作改革的关键在于如何更好地发挥专家的专业支持作用，建立常态化工作机制，有效促进海珠区妇女儿童服务水平提升。具体对策建议如下：

1．调整更新专家成员名单，吸纳更多愿意投入海珠区妇女儿童服务发展工作的各领域专家、精英，丰富智库的专家人员构成，壮大专家智库的力量；

2．分别建立不同专家智库组别的常态化工作机制，制订年度工作计划和考核指标，保障专家智库每年能有一定的工作产出，对提升妇女儿童服务水平产生一定的工作成效；

3．支持智库专家与“3861我的家”和街道“妇女之家”开展产学研合作，促进研究与实务之间的相互促进与转化，实现专家智库与服务联盟的双赢。

四、热心企业

热心企业一直是“海珠模式”善用的重要资源，而随着“益家易”服务平台2.0版本的正式上线与不断开发，热心企业作为B端用户的重要组成部分，越来越深度地参与到海珠区妇女儿童服务当中，充实了各“妇女之家”的服务内容，使辖区内妇女儿童得到了更多实惠。

目前，热心企业参与海珠区妇女儿童服务仍然处在初级探索阶段，存在着不少有待完善的地方。首先，热心企业与妇联、“妇女之家”社工、“益家易”服务平台的多方联动机制有待完善，合作形式有待创新和拓展，目前热心企业参与主要以提供企业产品和服务为主，如何更好地结合企业资源提升“妇女之家”影响力仍具有很大的探索空间。另外，热心企业与妇联、社会服务联盟、妇女儿童群众的互利共赢机制有待建立健全，要吸纳更多热心企业持续参与妇女儿童服务，不仅需要企业具有奉献社会的情怀，也需要共赢机制的支持。如何在妇联的主导下寻求服务、商业与公益的平衡，有待各方更加创新的探索。在未来的工作中，热心企业的作用需要进一步发挥，各方需要以创新意识为先导，敢想敢试，探索搭建企业参与的多方联动机制和互利共赢机制，具体对策建议如下：

1. 加强热心企业与“益家易”服务平台的用户引流共驻，增强“互粉”效果，例如，教育类的热心企业可以将自身的线上家庭教育课堂搬到“益家易”服务平台上，“益家易”服务平台可以增加企业的线上公益活动入口等；

2. 加强热心企业与“益家易”服务平台在内容链接、宣传推广等方面的合作，共同打造海珠区妇女儿童服务资讯大平台，以更加丰富的资讯内容吸引妇女群体的关注；

3. 优化“益家易”服务平台的妇联联盟链接页面，为热心企业资源提供更好的推广平台，也为妇女群体提供更便捷的资源寻找渠道；

4. 支持热心企业与“3861我的家”和街道“妇女之家”在资金、产品、服务、渠道等方面展开互惠合作，更好地对接并满足妇女儿童群体的需求，如推荐特殊妇女群体就业、合作开展服务项目、妇女儿童参与服务项目的积分可兑换更多企业产品等。

五、“益家易”服务平台

“益家易”服务平台是“海珠模式”中极具创新性的一部分，发挥着“联动互通”的作用，它以“互联网+”思维为指导,不仅在功能上为妇女儿童群众提供丰富的在线服务，帮助妇联打通了联系妇女群众的“最后一公里”，更成为线上与线下、服务需求方与服务供应方之间的互动枢纽，全面革新了“互联网+”时代下的基层妇联工作模式。

随着“益家易”服务平台2.0版本的正式上线，平台的各项在线服务功能得到进一步优化，B端用户（社会服务机构、志愿者团体、企业）、C端用户（妇女儿童群体）与H端用户（以海珠区妇联为代表的妇联直属机构）之间的联动机制也初步建立了起来。但作为一个刚上线不久的革命性产品，其各项功能的实现仍然需要各端口用户进行更多更深入的探索与完善，其“互联网+”的工作优势尚未得到最大程度的发挥。

首先，“益家易”服务平台各端口用户的使用习惯有待进一步培养，例如部分“妇女之家”项目社工仍不熟悉如何通过“益家易”服务平台来招募和登记活动参与者。第二，目前“益家易”服务平台为C端用户提供的交流功能不足，打造妇女群众自我服务、彼此支持的虚拟社区需要吸引更多妇女群众进行互动交流。第三，“益家易”服务平台日常推送的内容相对单一，以活动介绍为主，丰富、实用的内容资讯更有利于培养用户黏性。第四，“益家易”服务平台收集的数据目前主要来自服务预约与评价、线上咨询和自填问卷，针对用户情况的大数据收集与分析功能有待提升。第五，“益家易”服务平台的福利兑换功能有待完善，妇女儿童用户积攒服务积分的积极性受到影响。第六，目前热心企业参与“益家易”服务平台主要体现在妇联联盟链接和福利社方面，调动热心企业资源的方式有待创新。

“益家易”服务平台进一步完善的关键在于如何吸纳更多的人、财、物在平台上“动起来”，搭建互利共生的良性生态循环，具体对策建议如下：

1. 建立平台运营团队与妇联、社工机构及企业联盟的常态化沟通与对接机制，确保按时制作、推送“益家易”平台内容，及时收集使用者反馈意见，对平台功能和客户端操作方式进行调整与改进；

2. 安排“3861我的家”的专职人员负责“益家易”服务平台内容的收集、编辑与更新，丰富平台内容，增强平台吸引力；

3. 加强对社工与妇联干部的培训，提升社工与妇联干部熟练使用“益家易”服务平台后台端口的能力，确保“益家易”服务平台各端口功能得以落实；

4. 加强用户交流功能，推动形成虚拟互动社区，具体措施可包括鼓励用户发起公开话题讨论、鼓励用户分享自身经历、用户分享互动能够兑换积分等；

5. 强化用户数据收集功能，完善大数据收集与分析作用，具体措施可包括：用户注册时须完成调查问卷、开发线上服务文书系统、完善用户点评功能（模仿服务评估增加成效指标）等；

6. 完善福利社积分制度，拓展积分获取方式，丰富积分可兑换的内容，挑战兑换福利产品所需要的积分数量，从而更好地调动用户参与服务、使用“益家易”平台的积极性，达到“聚人气、增粉丝”的效果；

7. 创新热心企业参与“益家易”服务平台运作的方式，听取企业意见，了解企业诉求，探索服务、商业与公益的结合，建立健全互利共赢的机制。

致　谢

本书得以出版，衷心感谢北京大学公共卫生学院刘继同教授、中华女子学院社会工作学院刘梦教授、广东外语外贸大学政治与公共管理学院刘春燕副教授以及全国妇联妇女研究所给予的指导意见。

此外，调研团队由衷地感谢以下单位为研究所提供的帮助与支持（按拼音首字母排序）：

广州市白云恒福社会工作服务社
广州市海珠区力行社会发展中心
广州市海珠区岭南家和社会服务中心
广州市海珠区启爱社会服务中心
广州市海珠区手拉手社工作服务中心
广州市海珠区天行健社会服务发展中心
广州市恒福社会工作服务社
广州市启创社会工作服务中心
广州市穗星社会工作服务中心
广州粤穗社会工作事务所

同时，亦要感谢李泽如、陈玉莹，谢艳玲、何笑君、吴沐珂、张彩云、李诗婷等同学对研究资料的整理所作出的贡献！

广州市海珠区妇联
2017年12月